# 思维大爆炸

## 挑战超级脑力的破案游戏

经典图文版

潘冬旭◎著

中国法制出版社
CHINA LEGAL PUBLISHING HOUSE

# 前言

桌面上是修改了数次的封面，桌前坐着的是挠头不止的警官。描述犯罪心理和犯罪行为，能否将一生经手的案件陈述清楚？汤姆斯想在离世时留下点东西，或许破案的经历是他的首选。一生之中，汤姆斯经手了无数大大小小的案件，对纷繁复杂案情的分析包含了心理、表情、动作等。

汤姆斯笔下的罪犯们，是因为什么走上犯罪的道路？是心中的猛兽没有控制住，还是蔷薇的花香过于诱人？犯罪嫌疑人在审讯室中的诡辩，张开缩小的瞳孔都是汤姆斯日常留心观察的地方。汤姆斯想要走进罪犯们的心里，揣摩他们的一举一动。持枪是汤姆斯的职责，提笔却在悲悯他人。

人的一生充满欲望，会遇到很多诱惑。被捕的罪犯总有说不完的理由和举动，虽然他们极力想要掩盖证据，隐藏内心，控制表情。但人性，总会在表面有所显露。内心，也未必深不可测。

汤姆斯想要写一本书，记录下所有的案件，告诉学生们如何判断、如何推理，同时也告诉罪犯们勿存侥幸，趁早自首归案。人们也可以通过这本书，学会控制情绪、控制欲望、了解复杂心理。

残酷的案件，总是一再发生。汤姆斯也曾遇到过与大案犯罪手段类似的犯罪嫌疑人。无论作案者是模仿犯罪，还是临时起意，最后的结果只有锒铛入狱。谈判桌上，汤姆斯也曾见过处乱不惊的疑犯，他们以为自己是上帝，能够完全掌控自己，可不曾想到眼神出卖了罪行。

侥幸逃过一劫却不代表能安然无恙地逃离，警官可以用很多方法推测出整个案情。当然，观察身体语言也是重要的测谎方法。从手指的动作到坐姿的改变，对于警官来说，都可以从中看出端倪。谎言并没有成本，但汤姆斯会告诉大家，测谎术是多么可怕。嫌疑人的谎言，并非完美无瑕。

这是一本将破案、心理与逻辑思维相结合的开创性作品，这本书会带你进入不一样的推理游戏世界，让你充分发挥推理和想象能力，给你前所未有的阅读体验。

# 目 录

# 第一章

# 罪恶之眼：藏不住的真相

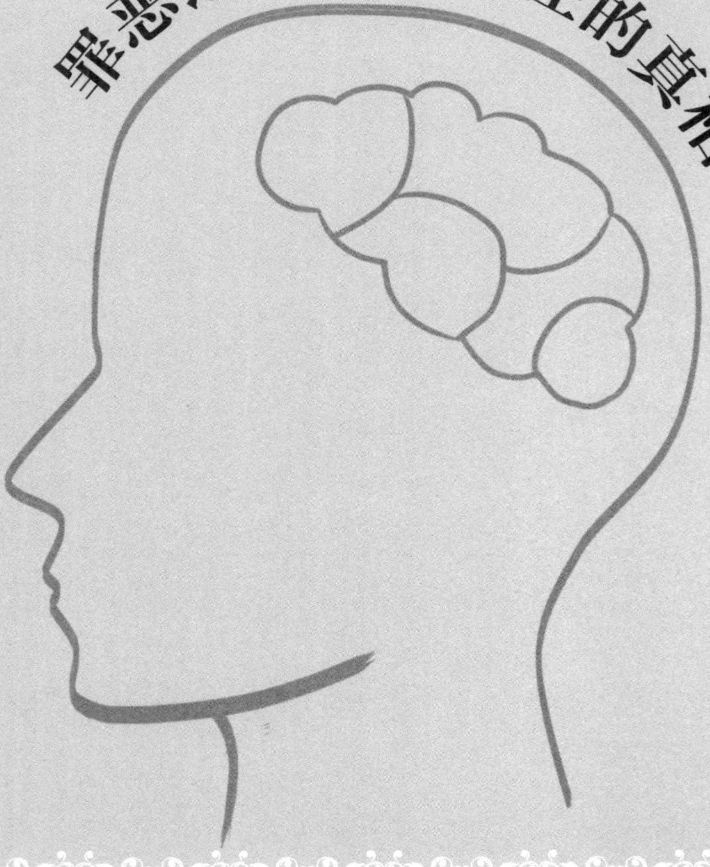

# 骗保疑案

昨晚一辆汽车转弯失控，在撞坏围栏之后车毁人亡。由于现场勘查人员未发现人为因素线索，初步判定事故原因为汽车年久失修，转弯时刹车失灵。

汤姆斯看了这个案件的介绍后，稍微发现一些端倪。死者在死亡前三个月购买了巨额的保险，并且受益人是自己的妻子。如果死者是被谋杀的，那么他的妻子杀人动机。

汤姆斯决定将一切可能性都考察清楚，便邀请死者的妻子来到警局的审讯室。在此之前，汤姆斯还做了背景调查，死者出事之前已经失业半年，妻子也是普通员工，家境并不富裕。

汤姆斯问道："你会因为保险金，杀害你的丈夫吗？"

听到这话，女子瞬间崩溃，大叫着说："我和他非常恩爱，你们为什么要这么恶意怀疑我们的感情！"

汤姆斯点点头，缓缓说道："那想必是你的丈夫，想要为你留笔遗产吧！"

听到这话，女子眼球快速转动，毫不犹豫地回答："没有，绝对没有！"

汤姆斯微微一笑，说道："夫人，你的眼神已经出卖了你！"

**【疑点重重】："案件的始末如何？"**

如果你是警官，将会给出怎样的推理和分析思路：

______________________________________________

______________________________________________

______________________________________________

【案件分析】

首先我们判断，死者在出车祸之前购买了巨额保险，这一行为十分可疑，似乎让这个看似意外的事件有了一定的目的性。

这类骗保案是很常见的，死者的妻子为了获取保险金而杀掉丈夫，也是很有可能的。当汤姆斯说到丈夫的死会不会是该女子所为时，女子的表现是十分崩溃的，她不明白为什么他们夫妻二人的感情会被别人无端怀疑。从女子的表现来看，并没有什么破绽，属于正常的情感流露。然而汤姆斯多年的破案经验告诉他，有一部分人是很善于伪装的。于是，他便有了进一步的提问。

汤姆斯很自然地说出："那想必是你的丈夫，想要为你留笔遗产吧！"

汤姆斯的语气平和，并不是审讯式的提问，而只是像普通聊天一样，没想到女子听后眼球快速转动。汤姆斯以此断定，女子在毫无准备，不经意间流露出的表情才是真实的。

在犯罪心理学中，眼球快速转动，是人在高度紧张的情况下快速观察四周的本能反应，如果不是经过专业训练的人，是很难伪装的。而根据该女子的背景调查，她只是一个普通人，没有受过这方面的特殊训练。

那么案件的真相便浮出了水面，看到这里，你能不能做出进一步的精准推论：

1. 女子是否为了保险金谋害了丈夫？

A. 是　　　B. 否

你的理由：______________________________________

2.如果不是谋杀，女子是否涉嫌骗保？

A.是　　　B.否

你的理由：________________________________________

盖住答案，你已经看到了大部分的分析思路，试着自己做出最后的推论。

1.女子并不是为了保险金谋害丈夫，这从她崩溃的表现中就可以看出。

2.女子涉嫌骗保，眼球快速转动出卖了她，说明她知道事件的来龙去脉。

因此，很可能是，女子的丈夫在车祸发生之前失业半年，就产生轻生厌世的情绪，当然还可能存在患上绝症、欠下巨额赌债等原因，题干没有涉及，我们就不再进一步分析。丈夫是深爱妻子的，于是想给妻子留下一笔遗产，便自导自演了这起车祸。

为了让妻子摆脱嫌疑，丈夫事先并没有跟妻子说，这也是为什么当她被问及第一个问题时会崩溃大哭。然而到了第二个问题时她被自己的眼神出卖了，因为丈夫出事之前应该是透露或者表现出来过某种异常行为，朝夕相处这么久的夫妻，可以很轻易读懂对方。也就是说，当丈夫出事之后，妻子就知道这并不是一起意外事故。

# 珠宝劫案

清晨，两名歹徒抢劫珠宝店后逃走。而在当天午夜，警方便抓捕了两名贩卖珠宝的嫌疑人。两名嫌疑人都声称这是自己捡来的珠宝，并不是抢劫所得。

汤姆斯仔细观察两名嫌疑人的表情，想要从中发现破绽。高个子的嫌疑人坐在审讯室桌前一动不动，只见他将头转向一边，目光游离，一直盯着墙壁发呆；而矮个子的嫌疑人则是低着头，一会儿又环视四周，每当警官问他问题时，他的眼神便开始闪烁不定。

汤姆斯通过他俩的表情，想出了审讯的最好办法。

他当着矮个子的嫌疑人的面，释放了高个子，并且立马走进审讯室，悠闲地瘫坐在审讯椅上。

矮个子的嫌疑人看着汤姆斯，眼神更加游离起来。

这时，汤姆斯发出慵懒的声音："额，你还不知道吧，你的同伙已经把你卖了！我只是和他说，只要他说出事实并且指证你，他就可以离开了。"

矮个子的嫌疑人听到这话，情绪有些激动。虽然嘴上说着"不可能的"，他的头却越来越低。

汤姆斯感觉有戏，便开始了一番引导："如果你能说出案件事实，坦白所有情况，到时候判刑很可能减免个十年八年。"

经过长时间的纠结之后，矮个子的嫌疑人承认了自己抢劫的犯罪事实，并供述了案件的经过。

【疑点重重】：

1.汤姆斯真的释放了高个子的嫌疑人吗？

2.汤姆斯是如何让犯罪嫌疑人认罪的？

如果你是警官，将会给出怎样的推理和分析思路：

______________________________________________

______________________________________________

______________________________________________

【案件分析】

从表面上看，上面的故事讲述的应该是两名犯罪嫌疑人在汤姆斯的审讯下，终于承认罪行的过程。让我们有所不解的是，按照汤姆斯的说法，他是先审讯了高个子的嫌疑人，得到案件真相后便将其释放。但是有一点不合理的是，如果汤姆斯已经弄清所有案件的细节，他为何要来告诉矮个子的嫌疑人，并且再次审讯他一遍呢？

没错，这其实是汤姆斯设计的一个陷阱。开始的时候，他根本没有审讯过高个子，只是制造释放高个子的假象给矮个子的嫌疑人看。然后他编造了一个同伙认罪的谎言，用来突破矮个子的嫌疑人的心理防线。这只是一种手段，所以，第一个问题很容易找到答案。

在这里，我们将问题再增加一些难度：

**为什么汤姆斯会选择矮个子的嫌疑人来突破，而不去突破高个子的嫌疑人的心理防线？**

通过题干可以看出，汤姆斯是通过分析犯罪嫌疑人的表情进行选择的。

1.高个子的嫌疑人将头转向一边，目光游离，说明了什么?

A.抗拒，对谈话没有兴趣

B.害怕，不敢看警察

2.矮个子的嫌疑人低着头，一会儿又环视四周，被警官提问时眼神闪烁不定说明了什么?

A.无所谓，漫无目的地左右环视

B.紧张、焦虑，内心藏着秘密

高个子的嫌疑人将头转向一边，目光游离，很明显表示出抗拒，对目前的谈话失去了兴趣。(第一个问题的答案选择A)这是人的一种本能反应，因为犯罪嫌疑人处于被审讯的地位，没办法拒绝审讯人员的提问。虽然他不得不维持谈话的状态，但是其内心对谈话内容的厌恶是没有办法抑制的，从而会将心里所想流露在眼神和表情上。

如果汤姆斯选择将高个子的嫌疑人作为突破口，难度可想而知。而矮个子的嫌疑人环视四周，说明矮个子的内心不愿意被人窥视。一般这种情况，说明他隐藏了不想让人知道的秘密。而眼神闪烁不定也反映了矮个子的嫌疑人心中的不安，说明他正处在内心焦虑、缺乏安全感的状态。(第二个问题的答案选择B)

汤姆斯基于他们的心理，选择了与矮个子的嫌疑人对话。而在对话之前，又造成释放同伙的假象，增加不确定性，让犯罪嫌疑人原本不安的心，变得更加崩溃。

最后在经过一番心理斗争之后，矮个子的犯罪嫌疑人终于承认了自己的罪行!

看到这里，题干中的两个问题，你都能找到答案了吧。

# 画家凶案

某天夜晚，一小区附近发现一具刚死去的尸体。街上的巡警见一人鬼鬼祟祟，便将其逮捕，经鉴定，死者是著名的画家麦克森，而被逮捕的人，也就成了第一嫌疑人。

汤姆斯审视着眼前的嫌疑人。此人名叫梅科杰，是一名三十五岁的无业游民。虽然他从未出门工作过，但似乎并不缺钱花。

梅科杰发现审讯人员正盯着自己看，头不自觉地低了下去。

“画家遇害的当天晚上，你在案发现场的附近干嘛？”汤姆斯先发制人。

“我，我在附近散步，因为我家就在附近！”梅科杰吞吞吐吐地回答。

虽然嫌疑人回答得并不理想，但是嫌疑人的家，确实在案发周围。

思索一会儿，汤姆斯再次提问：“不会是你把死者约到你家附近，然后趁机杀害他的吧？”

梅科杰慢慢眨了一下眼，然后快速眨动双眼，激动地回答：“没有，我都不认识他！”

看着他激动的表情，汤姆斯心里有数了，摸了摸手指，端详了嫌疑人一会儿，然后用轻蔑的语气说道：“也是，你这种待业在家的闲人，怎么会认识大画家呢？”

听到这话，梅科杰长舒一口气，缓缓说道：“对啊！我这种人，怎么可能和大画家麦克森有联系呢，我真是无辜的啊！”

“哦？你好像不打自招了！”

【疑点重重】:

1.当审讯人员盯着梅科杰时，他为什么会低头?

2.是什么细节导致嫌疑人被怀疑?

3.为什么说嫌疑人不打自招了?

如果你是警官，将会给出怎样的推理和分析思路:

______________________________

______________________________

______________________________

【案件分析】

从故事来看，案件讲述的是一桩谋杀案。一名画家在夜晚死亡，而在案发现场附近出现了鬼鬼祟祟的犯罪嫌疑人梅科杰。通过审讯得知，梅科杰家在案发现场附近，夜晚散步的理由虽然牵强，但并不是指证罪行的理由。而第一个问题很简单，梅科杰面对审讯时低头，并不是有意为之，而是本能反应，说明他心里有鬼。

而在汤姆斯说出“把死者约到你家附近，然后趁机杀害”这个假设时，嫌疑人的表情十分精彩。首先他慢慢地眨眼，然后突然快速眨动。这个表情在心理学上传达的是：他在说谎！人在正常的状态下，每分钟平均眨眼6—8次，高频率的眨眼除表达情绪紧张外，还是说谎的征兆。

人在说谎时，眨眼频率会先降低，因为在编造一个谎言时，他先要保持冷静，让自己的谎言不被他人发现。而说谎又会引起一定的内心波动，所以在说谎的过程中，人会情不自禁地感到焦虑并担心对方是否相信，此时便不自觉地加快眨眼频率。所以，先慢后快地眨眼，一般说明该人正在说谎。

而正是嫌疑人的这一举动，引起了汤姆斯的怀疑，这也是第二个问题的答案。

为了证明自己的猜想，汤姆斯设计了陷阱，没想到对方真的跳了进去。这个陷阱就是这句“也是，你这种待业在家的闲人，怎么会认识大画家呢？”

汤姆斯为什么要以轻蔑的态度说出这样一句话？他想用激将法进行试探，如果梅科杰不是凶手，会表现出怎样的态度？

对于一个正常人来说，如果被别人鄙视，一定会本能地感到反感，然而梅科杰的反应则很反常，他长舒了一口气，并高兴地承认自己无业游民的身份。潜台词就是“我这样一个身份卑微的无业游民，怎么可能认识著名画家？”

很明显，梅科杰在尽力摆脱嫌疑。

为什么汤姆斯表示梅科杰不打自招呢？原因就在于他设置的陷阱，仔细看看梅科杰是怎么回答的——

“对啊！我这种人，怎么可能和著名画家麦克森有联系呢，我肯定是无辜的啊！”

你能从这句话里面找出本案最关键的线索吗？

---

答案就是梅科杰不假思索地就说出了画家的名字！

汤姆斯在审讯过程中并没有提到画家麦克森的名字，而对于一个无所事事，常年宅在家里的人来说，怎么可能知道死者的名字呢？

梅科杰的回应让他彻底暴露了，这也是第三个问题的答案。

到这里，你能大致推测出案件的真相吗？这里还有一个疑点——梅科杰从未出门工作过，但似乎并不缺钱花。

这是为什么呢？你能想出哪些合理的推测呢？

---

---

他是富家子、啃老族、中过大奖……这些都不是合理的推测，跟本案扯不上关系。

原来，梅科杰是大画家麦克森的助理，主要负责递颜料、买画纸等日常工作，而这份工作很少需要外出，所以在外人的眼中他是一个待业在家的闲人。他每周都会从画家那里领到一笔不错的薪水，这也就是他不缺钱花的原因。

然而，虽然薪水不低，但是跟麦克森的收入比起来简直是天壤之别，大画家富足的生活，以及梅科杰内心不断膨胀的贪欲，最终让他走上了邪路。梅科杰自以为谋杀天衣无缝，结果却轻易地就被汤姆斯识破了。

# 逻辑大师：劫狱

（解析见书后参考答案）

美国边陲小镇费尔班克斯本来是一个毫不起眼的地方，却有着“极光之城”的美誉。每年十月，很多慕名而来的游客都会在这里观看极光，而极光季过去之后，小镇又会恢复往日的平静。

然而，今年小镇发生了一起令人震惊的案件。一群毒贩聚集在小镇唯一的警局门口，要求30分钟之内释放一名叫作摩尔斯的犯人，否则就会将警局夷为平地。

警局一共有5名警员，他们决定与毒贩殊死一战，绝不会放走臭名昭著的大毒枭摩尔斯。但是现在遇到了一个复杂的问题，他们必须解答出下面这道问题，才能顺利拿到枪。

如图1所示，拿走4把枪，然后重新排列剩余的来复枪，使第一行、第三行，第一列、第三列仍然保持9把枪。

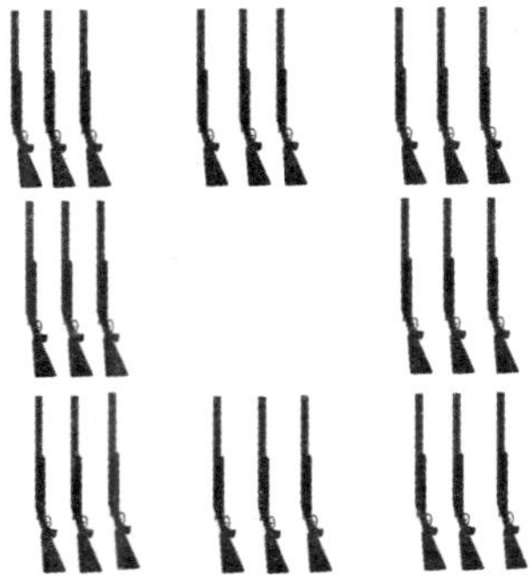

图1

# 夺命富人区

在洛杉矶的富人区发生了一桩杀人案，死者为女性，刚满十八周岁。经过调查，警方抓捕了两名嫌疑人。一名是附近的清洁工，警方在他家里发现了大量贵重的珠宝首饰；另一名则是死者的追求者，听说是个富家公子。

图2

汤姆斯看完两人的资料，大步迈进审讯室后说道："说说吧，你们出现在案发现场的原因！"听到汤姆斯的话，富家公子目光向下，深思许久后哽咽地回答："因为我们约好晚上见面，杜丽斯好不容易同意和我约会！没想到，竟然出了这种事情。"说完这番话，富家公子用双手将脸部遮挡起来，偷偷抽泣起来。

而另一名嫌疑人此时也开始述说自己的经历："那天晚上我在附近打扫卫生，突然听到争吵声。然后我就看到一个身影从一栋房子里蹿出，而一具女性尸体则出现在了那栋房子的门口，我怕惹事就赶紧跑了。"汤姆斯接着问清洁工："你家里的珠宝首饰是哪来的？以你的收入水平不可能买得起。”清洁工支支吾吾地回答道：“珠宝首饰是我捡的。”

听完两人的话，汤姆斯陷入了思索。他旁边的审讯人员却忍不住向长官说出自己的看法：“长官，这个清洁工应该嫌疑最大吧！我看那个富家公子说的都没有问题，而且他的悲伤让我都动容了！”

汤姆斯点了点头，拿出一张死者的照片对清洁工说道：“你看到的女性尸体是这个人嘛？”

听到这个问题，富家公子也忍不住抬头看了看，而看到照片后，他的目光立马移开转向墙壁。“对，我看到的人就是她！”清洁工仔细观察后说道。

汤姆斯心中已经有了结论，并对着他们说道：“你虽然伪装得很好，但是人还是无法完全控制自己！”听到这里，清洁工一惊，而富家公子则面无表情。

**【疑点重重】：“谁是凶手？谁又是无罪的？”**

如果你是警员，将会给出怎样的推理和分析思路：

________________________________________

________________________________________

________________________________________

**【案件分析】**

通读整个案件，讲述的是分析两名犯罪嫌疑人谁是真正的凶手的故事。故事开始，一名女性死在家中，嫌疑人有两名。一名是追求者富家公子，另一名是清洁工。

这样的人物设定，加上刻板印象的影响，很容易让人想到是清洁工为财杀人。而且在开始的时候，富家公子表现出的悲伤让在场的审讯人员也相信了。在富家公子说话的过程中，他的目光是向下的。通常人在沮丧和悲伤时，目光会不自觉地向下。这也说明了他当时的情感应该是真实的。

如果富家公子所说的都是真话，那么清洁工的嫌疑就更大了。但是我们要注意一点，目光是很容易控制的，甚至不需要太多专业的训练。有些擅长伪装自己的人，会刻意控制自己的目光。而我们的汤姆斯警官十分高明，为了得到最真实的表情，第二次提问时，他特意没向富家公子发问，而只是向清洁工询问照片上的人是否为死者。

富家公子忍不住看了一眼照片，没在审讯压力下的他，最容易流露出真实表情。没错，就是他的目光立马转移向墙壁。从犯罪心理来说，当嫌疑人感到内疚时，目光会突然移向另一方。

为什么富家公子看到死者的照片会产生内疚的情绪呢？相信不用解释，大家也能够猜到真相。

娇生惯养的富家公子从小顺风顺水，没有什么得不到的东西。这一次，在对自己心爱的女生多次追求未果的情况下，他与女生发生了冲突，失手将其杀害。当然，更极端的情况也是存在的，就是他认为自己得不到的，别人也休想得到，于是就谋害了对方。

富家公子在逃窜过程中被清洁工看到，但是夜晚天太黑，清洁工也只是看到一个身影。之后清洁工没有选择报警，而是进入屋内盗走了贵重财物，这一点很容易就被警官看穿，因为当清洁工听到警官最后一句话之后，表情一惊，说明他并不善于伪装。最终两名罪犯，都得到了自己应有的惩罚！

这道题的难点在于，很多人会受到问题的影响，认为一个是凶手，另一个人是无罪的。但实际上他们都是罪犯，一个是杀人犯，另一个则是盗窃犯。

# 逻辑大师：生死球

（解析见书后参考答案）

前面发生在费尔班克斯的劫狱事件结局很不幸，虽然警员们拿到了枪，但终因寡不敌众而导致警局沦陷，其中警长与另一位助理中弹身亡，剩下三名警员被劫为人质。然而素有“疯子”之称的毒枭摩尔斯似乎并没有打算与政府谈判，而是玩起了一个变态的游戏，他称之为生死球。

有四个颜色不同的小球，还有“白”“黄”“蓝”“红”字样的四个箱子，毒枭摩尔斯要求三名警员蒙上眼睛，把小球放入与小球相对应颜色的箱子里面，每个箱子里面只能放一个球。

最后，摩尔斯说道：“你们听好了，接下来的话事关生死，你们只需要将其中三组搭配起来就可以生还。记住，只有3组哦！”

提问：1.警员们有多大机会仅仅将4组中的3组搭配起来？ 2.最后会有警员生还吗？

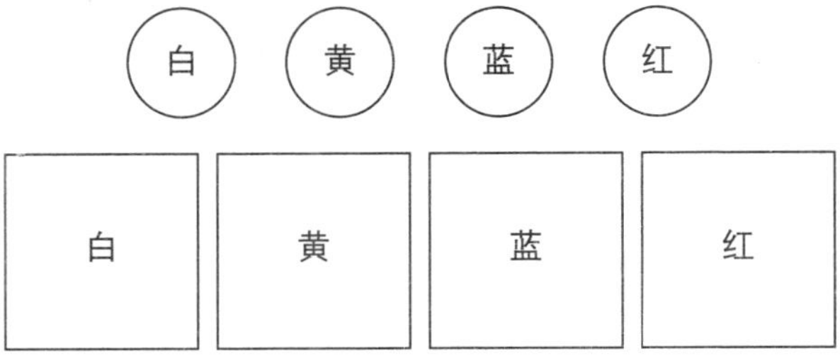


图3

# 郁闷的警员

汤姆斯路过办公区时，发现有名警员面露难色。出于对手下的关心，他凑了过去。“小伙子，是遇到什么棘手的案子了吗？”

警员被突如其来的声音惊动，转头回答：“不是案子，是我私人的问题，我发现我的女友最近好像嫌弃我了。”

汤姆斯扑哧一笑：“说来听听！”

警员见到长官对自己的事感兴趣，便侃侃而谈起来：“我和女友刚交往不久，最近一段时间，我发现她喜欢对我翻白眼。虽然在翻白眼后，她的视线都会与我的视线相交并且伴随着微笑。但我总觉得，她是在轻蔑并嫌弃我！”

听完警员的诉苦，汤姆斯知道了来龙去脉。“小伙子，男女朋友之间的表情，可不同于犯罪嫌疑人的常理。你这是有戏，可不是被嫌弃！”

**【疑点重重】：警员的女友是否嫌弃他？**

经历了这么多案件，我们放松一下，为什么汤姆斯说警员遭白眼并不是被嫌弃呢？

【案件分析】

翻白眼是一个常见的眼部表情，通常在人们心里代表的是轻蔑的意思。不过除此之外，它还可能代表着渴望亲近的意思。这一现象常见于男女朋友之间，并且多出现在女方身上。

这种翻白眼与通常的轻蔑不同之处在于，不管过程如何，最后她的视线都会回归到男方的瞳孔上，并伴随着微笑。一方面这是女生在表现自己的可爱和真诚，另一方面是在寻求男方的肯定。

所以在交往过程中，男生一定要将这个表情和厌恶轻蔑的翻白眼区分开来，不然就会引起不必要的麻烦哦！

第二章

# 面具之下的秘密

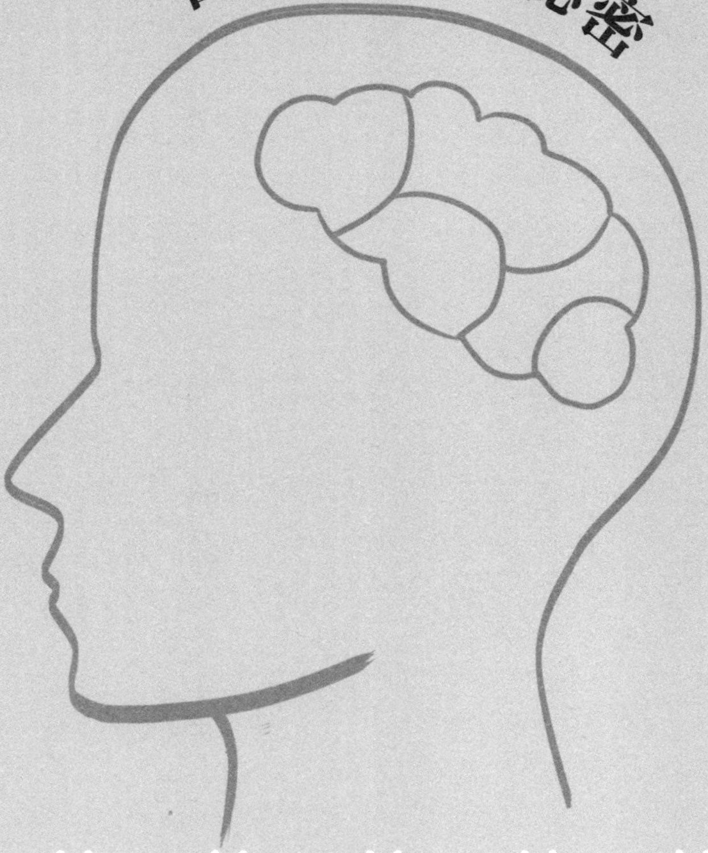

# 离奇的杀父事件

汤姆斯和身着灰色大衣的男人一边交谈一边走出办公室，说道：“杰西卡，你好不容易过来一趟，今天就让我一尽地主之谊。”

杰西卡环顾四周，笑着说道：“你的手下好像遇到了棘手的事，我们现在去吃大餐，是不是有点不太好？”顺着杰西卡手指的方向，汤姆斯来到警员的工作桌旁。

专心看档案的警员愁眉苦脸，并没有看到旁边的上司。“小伙子，是遇到什么难事儿了吗？”汤姆斯主动向警员发问。

在思考中的警员瞬间被惊醒，像看救星一样地看着汤姆斯说：“长官，我遇到一件难事儿。”听到有案子，杰西卡也凑了上来。

警员一边将档案递给二人，一边播放审讯视频。案件是一桩杀人案，死者是一名年龄为45岁的男性，尸体被发现在家中。死者生平没有仇敌，但是嗜好酗酒。在对嫌疑人的审讯过程中，死者的女儿承认是她杀害了父亲。本来以为案件就此可以结束，没想到，女生的同学又出来作证，证明案发当天，死者的女儿跟他们一直在同学家中学习，夜色降临才一同回家。

这就让警员陷入了困惑。汤姆斯看了看案件详情，向杰西卡使了个眼色：“这可是你的强项啊，微表情专家。”

杰西卡盯着播放的视频，仔细研究。视频中的女生也就是死者的女儿，名叫玛利亚。只见她坐在审讯桌前，眉毛内侧上扬，不停地玩弄着自己的手指。

在简单的询问之后，警察说出了玛利亚父亲的死讯。只见她瞳孔明显变大，嘴角甚至露出了一丝笑容。沉默了一会儿之后，玛利亚承认自己就是杀害父亲的凶手。在场的警员立马着手记录。但令人不解的是，玛利亚对作案过程说得并不细，主要说到父亲酗酒成性，离婚后经常打骂她和弟弟。而每当提及父亲时，眼睛会不自觉地眯起。最后经过审问，警员得出父亲家暴导致女儿失手杀人这一结论。

在警员审问完准备离开时，玛利亚询问了弟弟的情况。在档案中显示，玛利亚与弟弟的关系特别好，几乎从来不产生争执。警员看女生也挺可怜，便给玛利亚讲述了弟弟的现状。听到结果后，玛利亚面无表情。在警员撤离询问室后，她慢慢长舒一口气。

看完所有的视频之后，汤姆斯心里已经有了答案，但是毕竟来者是客，便让杰西卡来担任这次案件的推理侦探。杰西卡拍了拍警员的肩膀，缓缓说道："相信我，凶手应该是玛利亚的弟弟！"

**【疑点重重】："为什么杰西卡说凶手是玛利亚的弟弟？"**

如果你是警员，将会给出怎样的推理和分析思路：

______________________________________________

______________________________________________

______________________________________________

**【案件分析】**

其实按照故事本身来看，除去所谓的不在场证明，所有的矛头都指向玛利亚。父亲酗酒加上家暴，正好成为女儿杀人的动机。而最重要的是，嫌疑人亲口承认自己是凶手。可是，大家仔细阅读便会发现，故事中存在着很多疑点。

这个故事涉及很多微行为的知识，让我们一个一个来解读。

首先在玛利亚刚进入审讯室时，她眉毛内侧上扬，这是疑惑的表情。当人们处于疑惑不解的状态时，眉毛的内侧会不自觉地上扬。

而“不停地玩弄自己的手指”则表现出她的紧张，说明刚到审讯室的时候，玛利亚多半是处于不明所以的状态。她不知道为什么警察会找到她，因此非常紧张。试想一下，如果她是刚杀害自己父亲的凶手，会不知道警察为什么抓她吗？

而在警察述说玛利亚父亲的死讯时，她瞳孔明显变大，嘴角甚至露出了一丝笑容。这里的微表情可以告诉我们，玛利亚对父亲的死并不感到很悲伤。人在听到高兴或者兴奋的消息时，一般瞳孔会不断变大。而玛利亚听到父亲死亡的消息时的细微表现，说明她对酗酒成性、长期有暴力倾向的父亲是厌恶的，父亲的死甚至让她开心，如释重负。

每当提及父亲时，玛利亚就不自觉地眯起眼睛，也印证了上面的推断。

这么看来，玛利亚确实存在杀害父亲的可能。但是，同样生活在一个屋檐下的弟弟，是否也每天遭受父亲的暴力，十分厌恶父亲呢？

审讯结束，玛利亚长舒一口气。这可以理解为，自己选择扛下罪行让弟弟摆脱嫌疑，心情放松了下来；也可以理解为，自己终于摆脱那个暴戾的父亲，真应该感谢勇敢的弟弟。

案件最后的真相是，玛利亚外出去同学家，而一个人在家的弟弟再次遭受父亲的毒打，弟弟在反抗中失手将父亲杀死。弟弟将尸体藏匿却不想尸体很快被警察发现，而外出回家的玛利亚刚到家便被警察带到审讯室。

得知父亲的死亡并联想到一个人在家的弟弟，玛利亚决定自己将罪行扛下来。可是在最后宣判之前，好心的同学为玛利亚做了不在场证明，案件因此发生了转折。

# 公交车上的小偷

一天，汤姆斯的车坏了，于是他便乘坐公交车去警局。突然，车上有一名中年妇女抓着男子的手大叫起来：“这个人是小偷，偷我东西！”听到这个声音，所有人的目光都被吸引了过去。

只见男子一边强行挣脱中年妇女的控制，一边回应：“神经病吧！我什么时候偷你东西了？”

汤姆斯挤过人群，打量二人后说道：“我是警察，请问你们遇到什么麻烦了？”

中年妇女眼前一亮，立马缓缓道来：“警察先生，是这样的。我刚才突然感觉到钱包被人碰了一下，然后我一转头，便发现这个人试图将我的钱包偷走。幸好我眼疾手快，直接抓住了他！”

汤姆斯听完，审视该男子，只见男子扭着头看向窗外，只留右半边脸朝着汤姆斯。

“先生！你就没有想要解释的地方吗？或者你可以转过头来跟我好好谈谈？”汤姆斯引导着男子，想要获取事实的真相。

男子也显出一副生气的样子，哼了一声：“反正不管怎么样，你也不会相信我的，所以我懒得解释了。”

汤姆斯见男子如此，也只能安抚一番：“那等到下一站我们一起下车，去警局聊聊吧！”

说完这句话，汤姆斯侧身偷瞥男子一眼，终于观察到他另半边脸的表情。紧张又抽搐的左脸，似乎说明了他的罪行。

**【疑点重重】：为什么汤姆斯会觉得男子就是小偷？**

如果你是警员，将会给出怎样的分析思路：

______________________________________________

______________________________________________

______________________________________________

**【案件分析】**

对于经验丰富的警探来说，这件普通的公交车盗窃案根本不是他的职责范围，然而汤姆斯就是闲不住，毫不费力地就查出了真相。

表面看上去这是一起盗窃事件，参与人员只有两人，中年妇女和被当成小偷的男子。在汤姆斯未曾出现时，中年妇女与男子各执一词。可当身为警察的汤姆斯出现在两人的视野后，情况便发生了改变。

中年妇女还是继续述说着事情的经过与自己的看法，但是男子则是拒绝回应汤姆斯的问题，并扭过头去，只留半张侧脸朝着汤姆斯。而这里就涉及了犯罪嫌疑人微表情的知识，脸的左右两部分从外表来看，几乎一模一样，但是从身体语言的角度来分析，两部分传达的信息是不同的。

左半边脸更容易表达真实的情感，对那些人们可以控制的感情，比如尴尬、苦笑、恼怒等，右半边脸或许能将其控制住，但是左半边脸会不经意地体现出来。所以警方在审讯犯人时，一般审讯人员会更加注意嫌疑人左脸的表情，以便观察出最真实的内心情绪。

那么故事的结果就显而易见了！男子似乎是一个老手，了解这个理论，所以在面对警察的询问时，第一时间将头扭过去，只露出右半边脸给汤姆斯观察。所以我们才能看到所谓的反差，之前男子可是理直气壮地跟中年妇女理论，后面却直接放弃自我辩解，装成无辜者。

这个小偷自以为他的策略可以让他侥幸逃脱，没想到他却遇见了经验丰富的警探。汤姆斯先用“去警局聊聊”这个话刺激嫌疑人，然后趁他不注意观察他左半边脸更加真实的表情。果然，小偷害怕和紧张的内心，展现在了汤姆斯面前。如果男子并未做出偷窃的行为，而警察居然要带他去警局，他的反应肯定是愤怒、疑惑和不理解，而不是害怕和紧张！

# 离奇的自首

这天，审讯室来了位新“客人”，一名自称酒后驾车撞死人的犯罪嫌疑人。对此，汤姆斯也很疑惑，昨晚一辆豪车撞死行人之后，司机逃逸，还没等警方将肇事司机缉拿归案，一大早便有个男子堵在警局门口，声称自己就是昨晚的肇事司机。虽然是自首，但是常规的审讯流程必须得走。

这名男子名叫杰克逊，今年36岁，是一家大公司的专职司机。从杰克逊的口供来看，他昨晚驾驶着公司的车去跟朋友鬼混，在喝醉回家的路上发生事故。当时他脑子一热便逃离了现场，今早经过一番心理博弈，决定还是来警局自首。

杰克逊的陈述听起来十分完美并且符合逻辑，但是太过完美的事情，反而让汤姆斯察觉到了一点不对劲。

首先就是杰克逊讲述时的微表情，当他讲述完事故经过后，会不自觉地张开嘴巴，并且眼神迷离。而当警员提问时，他便开始应答如流。

最让汤姆斯感觉到不对劲的地方是杰克逊的家庭情况报告：杰克逊的家庭十分美满幸福，与妻子育有一个10岁大的女儿，平时杰克逊与女儿关系特别好，把其视作掌上明珠。而案发当晚，正是杰克逊女儿的生日。这样的一个好丈夫、好父亲，会拒绝与女儿过生日，而去外面和朋友鬼混吗?

汤姆斯暗暗有了想法，私下委托警员调查一下杰克逊供职的公司。不一会儿，各种资料便交到了他的手中。汤姆斯在翻阅之后，一个更加符合情理的推理，出现在了他的心中。他重新走进审讯室，坐在杰克逊的对面。“先生，看样子你应该是有难言之隐。或许是他人给你的压力太大，抑或诱惑太大，才让你在这里‘坦白’的吧？但是你知道后果吗？如果你被当成罪犯抓进监狱，你的妻子怎么办？你的女儿呢？她可能会因为有个罪犯的父亲，而一辈子抬不起头！”

耐心地说完这番话以后，汤姆斯感觉到对方明显动容了。之后杰克逊忍不住流下了眼泪，痛苦地埋下头。汤姆斯也不打扰他，只是耐心地等待着他说出真相。

过了许久，杰克逊抬头看着探长，嘴巴不断开合，想要说些什么。汤姆斯接过审讯人员的笔，说道：“那么，请你说出事情的真相吧！”

**【疑点重重】**

1.事情的真相是什么？

2.为什么汤姆斯会觉得杰克逊接下来要说的是实话？

如果你是警员，将会给出怎样的推理和分析思路：

________________________________________

________________________________________

**【案件分析】**

这个故事具有一定的开阔思维性和反转性，如果只看前面的描述，很容易让人想到这不过是一件司机醉酒驾车撞死人后第二天来警局自首的普遍案子。可是大家要注意一点，在杰克逊进行案件描述时，他的细微表情表现为嘴巴不自觉地张开。一般来说，人的嘴巴不自觉地张开，是疲倦和懈怠的表现。这说明什么？说明犯罪嫌疑人可能对自己正讨论的话题厘不清头绪，完全没有理解审讯人员正在说什么。即对他来说审讯人员所说的事情，实际上可能与他并不相关。

那么如果他是真正的肇事者，在面对审讯人员述说他的罪行时，为什么杰克逊会流露出懈怠的表情？这就说明，杰克逊之所以应答如流，是因为这些说辞是事先准备好的。因此汤姆斯判断，杰克逊根本不知道事情的来龙去脉。更加让人怀疑的是，身为一个好父亲的他，在女儿生日当天居然出去喝酒晚归。这也是让人无法理解的。

案情分析到这里，你知道应该将调查的方向转向哪里了吗？

A. 释放杰克逊，重新开启调查方向

B. 从杰克逊供职的公司入手

根据已知线索，这道题中题的答案应该选择B，你知道哪句话是线索吗？请写出来：

---

没错，正是“大公司的专职司机”这句话。汤姆斯正是因为杰克逊的这个背景，联想到案件或与他供职的公司有关。终于，警方通过调查发现，肇事车辆并不是公司的商务车，而是公司老板的大少爷的私家车。这时，案情便开始明朗了。

分析到这里，你可以想到事情的真相了吧？至少可以分析出大概思路了。

公司老板的大少爷醉酒肇事逃逸，通过威逼利诱让杰克逊去当替罪羊。而在审讯中，经过警官的开导，杰克逊的嘴巴不断开合，之后他的心理防线崩塌，准备述说真相。

在人的表情管理中，嘴巴不断开合，这是在思考的表现。这时，犯罪嫌疑人开口说出事实的可能性非常大，审讯人员耐心听取并积极引导，从而让杰克逊说出了真相。

# 离奇事件

一名男子急匆匆地推开警局大门，并喊道："警官救我，有鬼怪！"汤姆斯放下报纸，顿时来了兴致，想看看这个人能带来什么与众不同的故事。

男子坐在汤姆斯的面前，讲了起来。男子是孤寡老人义工协会的一名成员，他今天一大早去一位老奶奶家探望，结果刚一进门，便看到老奶奶坐在轮椅上，看着他。

男子还未开口，老奶奶便先问："杰克，今天怎么来这么早呢？"男子感到很奇怪，因为他并不叫杰克，但是出于职业习惯，还是回答了老人："今天提早来了，下午有点事儿。"

说到这里，男子的鼻子泛白，好像想到了什么可怕的事情。原来，正当男子准备走进房间时，发现老奶奶正翻着白眼看着自己，还嘀咕着："咦，没想到今天杰克还带了女朋友来啊！"

听到这话，男子环顾四周，并没有发现任何人。而当他再对视老人的眼睛时，感到一股寒意袭来。被吓得不轻的男子夺门而出，来到警局寻求帮助！

听完男子讲述的故事，汤姆斯轻敲了一下桌面，说道："有意思，先生，虽然你的故事很精彩，但你不会是闲得没事找警察逗闷子吧？"

听到汤姆斯的话，男子眼睛睁大，向前伸出下巴："当然不是，我说的都是实话。"

观察到男子的表情后，汤姆斯又笑着解释说：“先生你别激动，我刚才在和你开玩笑呢。我需要知道几个问题，请你如实回答。”

清了清嗓子后，汤姆斯开始发问：“第一个问题，你是第一次去看望这个老人吗？”

“是的，因为我刚加入这个义工协会不久，今天是我第一次去那位老人的家里。”男子一边挠头一边回答。

汤姆斯敲了敲桌面，继续抛出问题：“如果我没猜错的话，上一个照顾老人的工作人员应该就叫杰克吧？”

面对这个问题，他思考了一会儿才回答：“抱歉，我刚来，不太清楚之前同事的名字。”

汤姆斯眼睛一撇，旁边的审讯人员便将这个义工协会的资料递了过来。阅读完所有资料之后，汤姆斯心里已经有了答案。

“看样子，老奶奶可能是把你当成小偷了。都是误会吧！”汤姆斯笑着说道。

**【疑点重重】**

1. 为什么说老人可能是把男子当成了小偷？
2. 完整的故事可能是什么？

如果你是警员，将会给出怎样的推理和分析思路：

______________________________________________

______________________________________________

______________________________________________

**【案件分析】**

阅读完这个故事，大家可能第一时间会有点迷惑。因为通篇阅读后，也会觉得老太太有些诡异。但是，如果仔细分析，就会发现许多疑点。比如，老人应该是第一次见到该男子，为什么会叫他杰克？这句话，表明老人知道应该来的人的姓名，可是该男子并不是杰克。

从男子讲述这个故事时的鼻子泛白，说明了他确实产生了恐惧的心理。在嫌疑人内心恐惧并且心里产生极大触动时，鼻子才会泛白。而且之后汤姆斯为了测试男子话语的真实性，故意开玩笑说男子是在讲故事。此时男子的反应则是眼睛睁大向前伸出下巴，这个表情说明了男子先是特别吃惊，然后是十分愤怒生气。

从这里，我们便可以看出，男子所讲的故事，应该没有假话。那么老人为什么会做出这种举动呢？

我们试想一下，如果按照男子所说，老人一开始便直视着他。这种情况，老人还会认错人，叫他杰克吗？当然，也有一种情形可能导致老人犯错，你能想到吗？

---

那就是老年痴呆症！

不过我们继续分析，故事中没有任何细节表明老人患有老年痴呆症，所以老人之所以随口叫道“杰克”，是因为她并不知道开门进来的是谁。而最近来看望老人的，很可能一直是这个名叫杰克的义工。所以当门被打开时，老人便习惯性地以为来人是杰克。

讲到这里，相信大家对这个故事的全貌应该有了大概的了解。

那么，什么人会直视却分不清眼前的人？

---

图4

盲人或者存在严重视力问题的人。

到这里你可以讲出故事的原委了吗？试着分析一下：

______________________________

______________________________

______________________________

故事的全貌可能是：老人是一位有视力问题的人，而义工协会一直在安排一名叫作杰克的人来照顾她。而男子接替杰克后，老人并未知晓。所以当男子推门而入时，老人误以为是杰克来早了，便发出了问候。但是，在听到男子的声音与杰克不同时，老人误以为男子是小偷。于是老人灵机一动，想要吓跑这个不速之客。加上老人的确存在眼疾，所以才会用翻白眼吓唬他，而且确实奏效了。

# 蹊跷怪案

一名女子被人勒死在自己的家中，警方立即展开调查。在听取了附近目击证人的说法后，警方逮捕了唯一的犯罪嫌疑人朗姆森。朗姆森与死者是青梅竹马，关系十分好。没想到，他竟然涉嫌做出这种事情。汤姆斯看着眼前的嫌疑人，对方低着头，不停地摆弄手指。方才阅读完案件介绍的他，心里产生了几点疑惑。

女子死亡的时间是晚上8点左右，但是目击者却称犯罪嫌疑人是晚上11点才进入被害人家中的。更让汤姆斯不解的是，受害者的房梁上出现了绳索摩擦的痕迹。如果说是勒死受害者时留下的，为什么嫌疑人不选择直接用绳索，而是选择用这种方法吊死死者？难道是因为力气太小？可是几乎任何一个正常的成年男性，都有足够的力气勒死一名瘦弱的女人。这是案件说不通的地方。

当自己的思路走到岔路口时，汤姆斯终于忍不住发问了："请问你为什么要杀死死者？"

听到警官的问题，朗姆森低下眉毛，眼睑下方的脸部肌肉不自觉地向上提了提："没有，我没有杀她！"

看到嫌疑人的表情，汤姆斯觉得真相可能和自己想象的有些偏差。他连忙接着审问："可是现场只出现过你和死者的指纹，而且周围还有目击者看到你进入死者家中的证词。这些，你该如何解释？"

朗姆森听完，微张开嘴，想要说些什么，但是又立马止住了，仿佛是有什么不可告人的秘密。

汤姆斯见嫌疑人已经放弃回答，便将精力专注在案件资料上。通过阅读资料产生的加上观察嫌疑人的表情细节，一个大胆的想法出现在了他的脑海中。

“死者应该不是你杀的，但是你的这种行为，可以算作干扰警方调查，甚至是从犯哦。”

**【疑点重重】**

1.汤姆斯为什么认定朗姆森不是凶手?

2.那么真正的凶手会是谁?

如果你是警员，将会给出怎样的推理和分析思路：

______________________________

______________________________

______________________________

**【案件分析】**

这个故事需要一定的想象力，因为按照常理来说。故事只出现了两个人物，一个是死者，另外一个就是嫌疑人朗姆森。

按照正常的推理逻辑，朗姆森便是凶案的重点嫌疑人。但是我们先看案件资料，整个案子出现了两个重要的疑点。第一个是时间，死者是在晚上8点左右身亡的。但是目击者称嫌疑人于晚上11点进入被害者家中。如果情况都属实，嫌疑人进入被害者家里时，被害者应该已经死亡了，那么嫌疑人应该是没有所谓的作案时间的。

第二个是房梁上出现的绳索摩擦的痕迹。我们看到故事开头明确地告诉大家，死者是被人勒死在家中，但是房梁为何会出现绳子摩擦的痕迹?

难道是朗姆森先用房梁吊死了死者，然后再将死者放下，造成勒死的假象？为什么？

通过对朗姆森的微表情观察，我们又可以得知许多细节。当他听到“为什么要杀死死者？”时，他的表情是低下眉毛和眼睑下方的脸部肌肉不自觉地向上提了提。这个动作通常说明了犯罪嫌疑人正在最大限度地保护自己的眼睛，反映出他内心的挣扎与痛苦。而后面当他听到警官说出关键证据时，犯罪嫌疑人先是微张开嘴想要表达内心的想法，但是很快又止住了，这说明他确实有难言之隐。

通过将这些细节联系在一起，汤姆斯有了一个大胆的想法：犯罪嫌疑人是否只是出于某种目的，重新布置了案发现场，实际上他并不是真正的凶手，死者其实是自杀的！由于这个案件比较诡异，所以汤姆斯选择用倒推法，先认定一个自己猜测的方向，然后一步步推出真相。

让我们梳理一下思路，假设死者是自杀，看看能否把所有疑点说通。首先就是时间差，死者于晚上8点左右在家自杀，晚上11点犯罪嫌疑人进入案发现场。死者是用绳索绕房梁一圈将自己吊死，而犯罪嫌疑人将死者放下制造了被人勒死的假象。这也说明为什么犯罪嫌疑人一直内心挣扎，想要说出真相但是又不敢说。

到这里已经可以讲通了，至于朗姆森这样做的目的，有很多种可能。具体的动机案件中没有提示，我们也就不得而知了。

不过我们前面提到的两个问题都已经被解决了，从朗姆森的表情入手，提出相应的结论进行倒推，最终发现死者不是死于他杀，而是自杀。

# 逻辑大师：射击训练

（解析见书后参考答案）

每周一次的射击训练日到了，汤姆斯带着警局的弟兄们来到靶场训练。为了给枯燥的射击练习增加一些乐趣，同时也为了锻炼下属的逻辑思维能力，汤姆斯给他们出了一道题。

汤姆斯先是在靶子上写下了几个数字，代表相应的分数，如图5所示，然后对下属讲道：你们现在只有一把柯尔特左轮手枪（有6发子弹），要求你们打出100分的成绩，看看谁能做到？

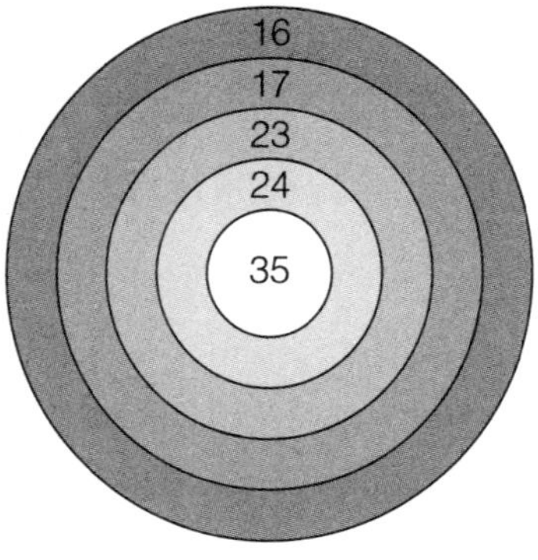


图5

# 路遇夜魔人

汤姆斯正走在回家的路上，突然他发现前面不远处，一名男子正缓步走在一名女子身后。联想到最近出现的一名尚未被捕的变态强奸犯，他有意识地跟了上去。走了许久，前面的男子也没动静，只是继续跟着女子。或许是顺路？还是认识的人？汤姆斯抱着这种想法走上前去。

“先生，请问你为什么一直跟着前面的这位女士？”汤姆斯故意将音量提高。

听到这句话，前面的一男一女同时回头。男子疑惑地回答道：“跟着？这条路不是某人专用的吧？我也是走这条路不行吗？”

前面的女人回过头来，问道：“请问你们两位是谁？”

汤姆斯先是向女子亮明自己警察的身份，然后继续向男子解释：“最近附近案件频发，我是在作例行巡查。”

“什么意思？你怀疑我是罪犯？”听完汤姆斯的话，男子似乎更加冒火了。

看到对方情绪失控，汤姆斯也只能连忙道歉：“不好意思先生，我并不是怀疑你。毕竟大晚上又是在这种小路上，我出于警察的职责，只能稍微盘问你一下。”说完后他又观察了一下男子的表情，并无异样，只能向两位道别。

女子听到警察终于放行，便加快脚步，似乎想要快点离开这个地方。而男子则是看着女人离开的背影，鼻子不自觉地扩张。

汤姆斯一回头，看到了刚才的一幕。于是他立马掏出腰间的手枪，指着男子呵斥道："请你举起双手，抱头蹲下！"

**【疑点重重】为什么汤姆斯会突然认定男子不对劲？**

如果你是警员，将会给出怎样的推理和分析思路：

______________________________________________

______________________________________________

______________________________________________

**【案件分析】**

看完整个故事，大家了解了故事背景。汤姆斯寻找的是一位尚未被捕的变态强奸犯，而汤姆斯在下班回家的路上，恰好发现一名跟踪女性的男子。出于警探的职责与嗅觉，他觉得有必要上前询问。

而当汤姆斯询问该男子时，男子表现得十分正常，是一副被冤枉的表情。而女子的表现也并无异常。似乎就像前面所说的一样，男子只是顺路，与前面女子的行程并不相关。

可是，在汤姆斯向两位道别后，突然发现了异常。而这个发现，让他确定了自己的怀疑，向男子举起了手枪。

重点就在于，是什么让汤姆斯改变了自己的想法？

没错，男子脸上不经意间出现的表情暴露了他。在警察的审问中，男子伪装得天衣无缝，装出一副气愤的表情。

可是，在汤姆斯表示自己准备离开时，男人悬着的心便慢慢放下。这时，他的表情才最容易体现其内心最真实的想法。在汤姆斯离开后，男子的鼻子突然扩张。

在动物世界中，仔细观察会发现，当哺乳动物的鼻孔扩张时，便是它们露出牙齿，发出攻击信号的时刻。它们这样做的目的是让肺部吸入更多的氧气，从而为接下来的战斗或者逃跑做好准备。

而在人类的身上，也有类似的表现。当人的鼻孔突然扩张时，表明其内心处于兴奋的状态，并伴随着呼吸加速、情绪高涨。

那么，你能想到导致男子突然兴奋的原因吗？

______________________________________________

______________________________________________

该男子在警察表示放行之后突然兴奋，有两点可能：

第一，这是一位变态强奸犯，看到警察放行，男子感觉下手的机会来了。

第二，感到庆幸，觉得自己逃过一劫。

在这个案件中，汤姆斯是在他不经意回头时才看到了男子不同寻常的表情，这说明这名男子还是非常善于伪装的，而汤姆斯险些就错过了。

# 心理战

这天，审讯室又来了一位新客人。起因是一位女士在家中被虐杀，警方经过调查后发现，只有死者的前男友拥有杀人动机，而且在死者被杀的那段时间他恰好在案发现场附近的酒吧喝酒。虽然他有所谓的不在场证明，但是找借口离开一会儿，作案后再返回也是有很可能的。

出于这些疑点，汤姆斯将犯罪嫌疑人带回了审讯室。犯罪嫌疑人刚到审讯室，便开始用鼻子向外哼气，对审讯人员的提问闭口不答。

汤姆斯见状，将所有审讯人员撤出，而他自己在留给犯罪嫌疑人一个莫名其妙的微笑后，也闭门离开。透过单向透视玻璃，汤姆斯站在外面仔细观察。犯罪嫌疑人的表现还是十分淡定，瘫在审讯椅上，享受安静的时光。可过了一个小时，犯罪嫌疑人便开始有些坐不住了，向外大吼道："你们在搞什么？我没有罪，你们不能这样关押我！"

看到犯罪嫌疑人有些情绪失控，汤姆斯感觉审讯的时机到了，便重新进入审讯室，说道："先生你不用着急，我们刚才只是去做了一些调查！"汤姆斯还是用一副笑脸相迎。

犯罪嫌疑人虽然情绪稳定了一些，但还是略显暴躁地发问："你们还要关我多久？没有证据就赶快放我出去！"

"证据？不好意思，刚才的调查好像找到了证据！"汤姆斯不紧不慢地回答，"那晚在酒吧的后门，有个流浪汉看到你溜出去过哦！"

听到这话，犯罪嫌疑人一只眉毛上扬，一言不发。过了一会儿，他的鼻头开始冒汗，神情也开始显出不对劲来。“不可能，你在骗我。不可能的！”他自言自语道。

汤姆斯心里已经有了答案，于是将案件资料重重地摔在桌上，说道：“我骗你干嘛？你现在好好交代你所犯的罪行！如果你主动坦白，可以从轻处罚！”

看到警官的态度如此强硬，犯罪嫌疑人像泄了气的皮球，一股脑地将自己的犯罪过程说了出来。

**【疑点重重】**

1.汤姆斯是依据什么去判断凶手的？

2.犯罪嫌疑人的微表情各代表了什么意思？

如果你是警员，将会给出怎样的分析思路：

______________________________

______________________________

______________________________

**【案件分析】**

这个故事讲的是，如何运用心理技巧让犯罪嫌疑人伏法。其实读完整个故事，大家或许有些疑惑：警方既然找到了所谓的目击证人，何不一开始就说出来？

其实这个所谓的目击证人，只是汤姆斯在与犯罪嫌疑人的心理攻防战中，自己创造出来的。没错，其实根本没有所谓的目击证人，那个流浪汉只是他为了让犯罪嫌疑人坦白而随口编造的。

那么，我们就来进一步看一下这场心理战。故事开头，犯罪嫌疑人在审问过程中表现出的表情是鼻子向外哼气。这说明他对谈话排斥，也是对审讯人员十分不屑。所以在这种情况下，汤姆斯觉得根本无法审问出结果，便支开所有的审讯人员，并留下诡异的微笑给犯罪嫌疑人。

犯罪嫌疑人一个人待在审讯室，难免会胡乱猜想，包括思考那个微笑的含义。过多的猜想，让他慢慢失去了理智，这才有了他表现出的暴躁一面。在犯罪嫌疑人情绪失控的时候，汤姆斯有意识地出场了。

情绪失控，是最能表现一个人真实情感的时候。所以在这时，汤姆斯抛出一个假想的炸弹——目击证人。听到有目击证人时，犯罪嫌疑人的表情先是一只眉毛上扬。在表情心理学中，两条眉毛一只下垂、一只上扬表明此人持有一种怀疑态度，正在思考问题。

通过大量的思考，将警方的各种举动联系在一起，犯罪嫌疑人有了一种被目击证人发现的感觉，他甚至开始回想作案那天的场景。回忆得越多，他便越感到恐惧。终于，犯罪嫌疑人鼻头开始冒汗。鼻头冒汗体现他的内心焦急、紧张，也反映了他急躁的性格。于是犯罪嫌疑人深信了目击证人的存在，并承认了自己的罪行。

至此，前面提出的两个问题已经都有了答案。

第三章

# 行为会说话：破解嫌疑人的行为语言

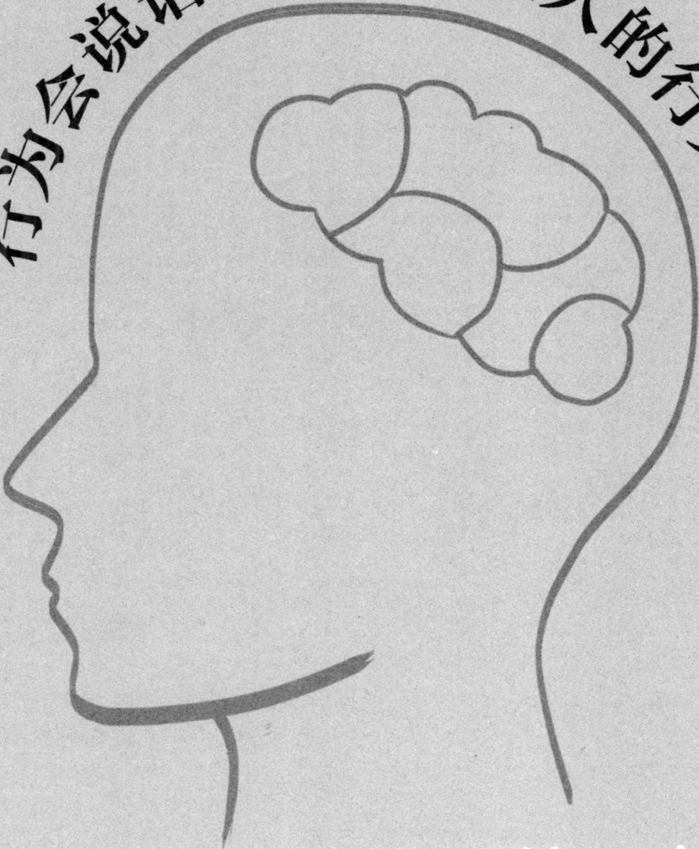

# 日常培训

警局今天进行日常培训，刚好有两名嫌疑人被捕，有大量证据证明这两人就是前几天一桩抢劫案的犯罪嫌疑人！

汤姆斯在读完案件介绍之后，看了看两名嫌疑人。一名嫌疑人高高瘦瘦，坐在审讯椅上交叉着双腿，两只手互相紧握着，眼睛还不停地环视四周；另一名嫌疑人也与案发现场的目击证人提供的证词相符，一米六一的身高，身材略微圆润。只见第二名嫌疑人自然地舒展身体，掌心打开放在审讯椅上，双眼平视前方。

汤姆斯作为培训官，向在场的警员提问："你们觉得，审讯哪个家伙会更好？"

听见警长的问话，附近的警员都开始你一言我一语地讨论起来。没过一会儿，大家便异口同声地回答："高高瘦瘦的那个！那个人看起来内心十分紧张，应该更容易突破他的心理防线！"

听到警员们的答案，汤姆斯摇了摇头，"你们啊！还是太年轻了。"

**【疑点重重】：如果你是审讯者，会先审问哪一个？**

如果你是警员，将会给出怎样的分析思路：

**【案件分析】**

大多数人对于这个案件的想法可能都跟这些年轻警员的想法一致，在看到第一名嫌疑人的表现时，大家认为这个家伙心理素质差，还没审讯就变得十分紧张。如果再对他施加一定的心理压力，采用一些审讯技巧，他应该会很快招供。

而第二名嫌疑人，则表现出自然懒散的状态，可能他没有犯罪，所以才会表现得如此轻松。也可能是故作轻松的惯犯。

从前面两名犯罪嫌疑人的肢体语言来看，两名嫌疑人对应了两种不同的坐姿——“封闭性坐姿”与“开放性坐姿”。封闭式坐姿，指的是人交叉着双腿，紧扣脚踝，还常伴随双手紧握等动作。这种坐姿暗示嫌疑人的内心封闭，对外界信息的抵制。

开放性坐姿，指的是人自然而然地舒展身体，常伴随掌心摊开、双眼平视前方的坐姿。这种坐姿表明犯罪嫌疑人比较放松，愿意交谈。

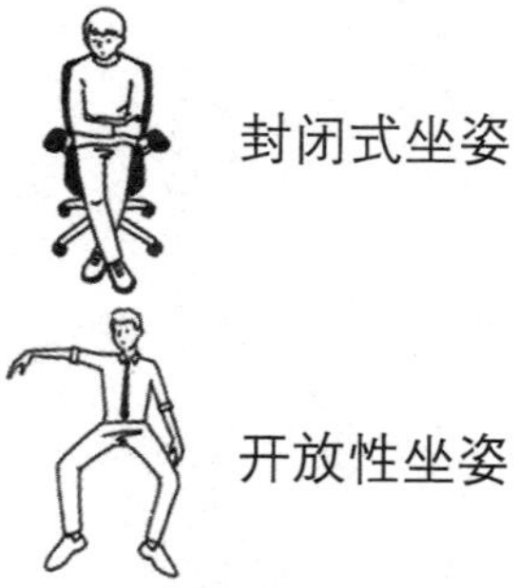


图6

第一名嫌疑人是封闭式坐姿，他内心紧张，并不想与警官进行交谈。而第二名嫌疑人呈现出放松的状态，让人感觉此案似乎与他无关，但实际上他是愿意跟警方进行交流的人。

如果你是审讯者，你会怎么做？可以选择当前更容易沟通的第二名嫌疑人先进行审讯，这样既能掌握一些情况，也能继续给第一名嫌犯心理施压，之后再审第一名嫌犯时也更容易找到突破口。

# 逻辑大师：疑犯追踪

（解析见书后参考答案）

一名A国特工被策反，手里掌握着大量的机密资料，整个A国高层惊慌不已，悬赏1亿元缉拿这名特工。但是这个人就像凭空消失了一样，杳无踪影。然而，最近开始有人售卖生化武器，同时A国在其他国家安插的线人一个接一个地失去联络，这让A国高层意识到这个叛逃特工已经开始行动了。无奈之下，A国政府将悬赏金金额提升至10亿元，希望尽快找到并缉拿叛逃特工。

重赏之下必有勇夫，一位神秘黑客出现了，他提供了一条很有价值的线索，只要A国的技术人员能够破译出下面这道题，就能够锁定叛逃特工藏匿的国家。

图7是一个秘密编码表，根据这个表所对应的信息填写最底下的一排方格，叛逃特工所藏匿的国家信息就会显示出来。需要注意的是，这名黑客故意提升游戏难度，他分别在上面一排和下面一排给出了两个选择，其中一个是正确的，另一个是错误的，只有在尽可能短的时间内找出正确信息，才能最大程度减少损失。

| | A | B | C | D | E |
|---|---|---|---|---|---|
| 1 | A | I | D | G | K |
| 2 | C | R | V | W | U |
| 3 | T | Y | B | J | F |
| 4 | N | E | S | O | T |
| 5 | H | Z | M | P | L |

图7

| 2A | 1A | 5E | 2B | 1B | 2E | 1E |
|---|---|---|---|---|---|---|
| | | | | | | |
| 3C | 4B | 3A | 1D | 3C | 4D | 5C |

图8

# 恐吓信

汤姆斯每到周末都会来喜欢的酒吧小酌，这个周末也是如此，与往日不同的是，今天的酒吧老板是一副愁眉不展的表情。

看到酒吧老板如此纠结的表情，汤姆斯忍不住询问一番，“怎么了，伙计，今天谁又招惹你了？”

听老板吐一番苦水后，汤姆斯大概明白了事情的来龙去脉。原来酒吧老板上个月新招了三名刚出狱不久的员工，本来是为了扩充人员，但没想到出了大事。酒吧老板托马斯也是刑满释放后，做起酒吧生意的，他脾气暴躁，平时经常辱骂员工，以前的老员工早就苦不堪言，但是迫于生计只能忍着。而这次新来的三人，仿佛不吃他这一套，着实让老板感到有些意外。

虽然托马斯觉得自己的辱骂行为都是为了员工和酒吧好，但是没想到这次自己居然收到了恐吓信。信件的开头，罗列了托马斯克扣工资、辱骂员工的种种劣迹，最后一句话着实吓到了托马斯，上面写着“本周末就是你的末日，我会把你勒死在酒吧”。

三名员工入职后不吃他这一套，在社会上闯荡多年的托马斯最初并不在意，也找三个人对峙过，并没有结果。然而最近酒吧里各种恶作剧频发，如水池出现红色的墨水、厕所门被反锁……再联想到那封恐吓信，托马斯也有点心虚了。托马斯拿不准到底是三人中的谁搞的。不过，他一向不喜欢去警局，所以一直在犹豫是否要去报案。

刚好，警长汤姆斯今天来了。

随着服务员的通知，三名新员工依次进入了汤姆斯的视野。

“请问三位先生，听说酒吧最近发生了一些怪事？”

高高的那位员工听到这话，只是一个劲儿地摇头；矮个子的那位则是在发现汤姆斯注视着他之后，迅速地低下头；而脸上带疤的那位新人，则面无表情，回答了一句：“不知道！”

看到三人的反应，汤姆斯继续提问：“那么你们对老板，是如何看待的呢？”

高高的那位抢先发言，“我觉得老板对我挺好的，就是有时候太容易生气了，真希望他可以稍微改一下自己的脾气”。矮个子的员工依旧没有抬头，只是支支吾吾地回答道：“我觉得，老板对我还行吧！”而脸上带疤的新人则是将头低下，眼睛却向上看，盯着老板，过了一会儿才开口：“还行吧！”

汤姆斯拍着老板的肩膀，目视三人，说道：“虽然你们老板做得确实不对，但是威胁他人生命安全是犯法的，我已经知道是谁在捣乱了。你们几个都是有案底的，我希望你们可以和睦相处，这一次就当是警告，如果再有类似的行为，我就不客气了。”

**【疑点重重】：恶作剧和恐吓会是谁作的？**

如果你是警员，将会给出怎样的分析思路：

______________________________

______________________________

______________________________

______________________________

**【案件分析】**

简单来看，案件讲述的是一个脾气暴躁的老板遭员工报复的故事。首先我们可以确定，所谓的恶作剧和恐吓信，是出自三名新来的员工之手，因为在他们来之前，酒吧风平浪静。

这一点很容易推断，酒吧老板托马斯脾气一向如此，如果是忍受不了的员工应该早就辞职不干了，那些留下来的员工虽然心怀不满，但应该不会忍到现在才发作。

我们看一下汤姆斯提的第一个问题，他问三名新人："是否听说了酒吧最近发生的怪事？"

第一位是身材高挑的嫌疑人，他的回答并没有问题，只是用摇头表达自己对怪事的一无所知。而第二位则是身材偏矮的嫌疑人，他先是注视着汤姆斯，然后当他们视线相交时突然低下头。这里嫌疑人的表现，值得注意，一般来说，犯罪嫌疑人如果极力避免与审讯人员双目对视，总是一看见审讯人员就迅速低下头的表现，那就说明他十分心虚，并且心怀内疚，对事实一定是有所隐瞒。这个身体语言便告诉我们，第二名矮个子的嫌疑人，是对最近酒吧发生的怪事有所了解的，并且他对此感到心虚和内疚。

**【题中题】**

此案分析到这里，我们插入一个问题："你觉得恶作剧和恐吓是一个人所为吗？"

A. 是

理由：______________________________

B. 不是

理由：______________________________

酒吧老板托马斯和新招的三名员工都不是善茬，因此当这三个人无法忍受辱骂但是迫于生计又不得不压抑情绪时，就出现了后面的恶作剧以及恐吓信。这样分析，捣乱的很可能不止一个人。

第二名矮个子的嫌疑人在听到“最近酒吧发生的怪事”之后，表现出的身体语言显示了他的心虚与内疚，因此可以判断，他很可能是通过恶作剧在报复自己的老板。

再来看汤姆斯的第二个问题“老板对你怎么样”，第一名高个人的嫌疑人，表达的是内心想法，并没有说谎的表现。到这里，我们可以基本排除他的嫌疑。

而第二名矮个子的嫌疑人，回答得支支吾吾，但并没有包含愤怒甚至过激的情绪。据此推断，他很可能不是写恐吓信的人。

再看最后一名脸上带疤的嫌疑人，他在听到问题后先是将头低下，然后眼睛向上看，盯着老板。这个身体语言体现了他十分仇视老板的心理。一般来说，犯罪嫌疑人在审讯过程中故意低头，目的是让审讯人员无法观察到他的面部表情。但是仔细观察可以看到，嫌疑人的眼睛并不是随头低下，而是盯着老板。这种神态，体现出他对酒吧老板的敌意。因此，可以推测是第三名嫌疑人不满老板的作风，加上其自身很可能也是性格暴戾，所以才会选择极端手段，寄出恐吓信。

**【题中题】**

为什么恶作剧与恐吓信很可能不是一个人所为？你的理由是什么？

________________________________________

________________________________________

________________________________________

第一名新员工被顺利地排除了嫌疑，我们来看第二名嫌疑人，他的身体语言表现出内疚与心虚，很可能是因为恶作剧导致的。因为如果到了写恐吓信的程度，应该不会表现出内疚的情绪。

再来看第三名嫌疑人，只是遇到一些小事情就恐吓要杀害老板，可见其性格有暴戾的一面。所以很可能他是不屑于做一些不痛不痒的恶作剧的，如果这一次不是警长汤姆斯出面干预，嫌疑人说不定真的会付诸行动，那么酒吧老板将遭遇不幸了。

# 蒙眼掷飞刀

今天著名的腾格利马戏团出了一个事故，蒙眼掷飞刀的表演者表演失误，将刀插到了搭档的腹部，警察以涉嫌谋杀的罪名逮捕了飞刀表演者蒙克斯。

汤姆斯走进审讯室，发现蒙克斯身体蜷缩着，双肩则缓慢上升，颈部收缩。“这位先生你还好吗？”汤姆斯主动关心了一下嫌疑人。

蒙克斯听到警长的话，声音十分低缓地回答：“我还好，我没事！”

看到嫌疑人还沉浸在自己的情绪里，汤姆斯也只能做简单地询问，然而他的问题却很直接：“请问这次事故是你故意的还是表演失误呢？”

“怎么可能是故意的！我和他的关系非常好，这次表演失误我也不希望发生，不知道为什么道具出了问题！”蒙克斯一边回答，一边拍打审讯桌。

仔细观察嫌疑人表情后，汤姆斯再次进行诱导性发问：“你知道你的朋友现在怎么样了吗？”

听到这句话，蒙克斯马上看着汤姆斯，缓缓地点了点头，“怎么样了？他没事吧？”

汤姆斯用微笑回应：“很幸运，医生说情况已经稳定，没有生命危险，具体怎么样，还是请你自己去看看吧！”

说罢，汤姆斯吩咐警员做好笔录，而他的内心里，已经有了初步判断，这次事件应该是失误而不是谋杀。

**【疑点重重】：为什么汤姆斯觉得这次事件是失误而不是谋杀？**

如果你是警员，将会给出怎样的分析思路：

______________________________________________

______________________________________________

______________________________________________

______________________________________________

**【案件分析】**

受害者和蒙克斯是马戏团表演蒙眼掷飞刀的搭档，而这一次，蒙克斯表演失误，将刀子插到了受害者的腹部。从这里开始，无意失误和故意杀人便形成了对立面。

很多人在看完案件后会容易觉得这个案件没有什么疑问，肯定是蒙克斯失误导致的。然而，马戏团的这些人都是专业表演者，这些动作平时已经操练过无数次，虽然存在失误的可能，但是概率极小。而且汤姆斯出于职业习惯，绝不会如此简单地进行判断。

在汤姆斯进入审讯室时，蒙克斯的姿态是身体蜷缩，双肩缓慢上升，颈部收缩。注意，蒙克斯是很自然地摆出这样的姿势的，而这样的姿态一般代表着嫌疑人悔恨、自惭的情绪。如果有人故意杀人，通常不会下意识地表现出这样的动作。而当汤姆斯发出关心时，蒙克斯回应的声音也是低沉并且缓慢的，这也说明了他处在内疚的心理活动中。

当警长说道两人的关系，以及怀疑是否属故意伤害时，嫌疑人表现得十分激动，并且表现出愤怒。这也说明了他因为被误解而心中不满，不想被冤枉。最后，听到汤姆斯提及受害者的情况时，嫌疑人马上看着汤姆斯，缓缓点头。嫌疑人的举动表示其对谈话的内容是关心和重视的。

从一系列的细节表现的解读中，可以看出嫌疑人跟受害者的感情很好。所以，汤姆斯觉得这次事件为失误而不是谋杀是很有可能的。

# 咖啡厅突袭

警方收到线报，追踪了近半年的杀人犯突然出现在一家咖啡厅。听到消息的汤姆斯非常兴奋，带着几名手下迅速赶赴现场。为了保护现场平民的安全，汤姆斯命令警员布控，自己则假装进店喝咖啡，实则暗中观察。

店里人不多，除了店员之外只有两名男子，他们看到身着警服的汤姆斯进入后都下意识地调整了自己的坐姿。

白人男子右手抓住左手上臂，左手插在右臂下面，目光一直注视着汤姆斯，许久才将视线移开。而黑人男子，则是双手握拳，双臂交叉环抱于胸前，脸似乎也是板着的。

发现两名男子都做出紧张的姿势，汤姆斯微微笑了一声，“两位不用紧张，我是来喝咖啡的！”

听到这话，白人男子慢慢放开双手，端起了咖啡杯。而黑人男子虽然视线从汤姆斯身上移开了，但手臂的姿势并未改变。

汤姆斯观察了一会儿，趁两人放松的时候突然掏出手枪，指着其中一人说道：“你被逮捕了，请不要做无谓的抵抗！”

**【疑点重重】：谁是杀人犯？**

如果你是警员，将会给出怎样的分析思路：

______________________________

______________________________

**【案件分析】**

这个案件的问题是要判断出白人男子和黑人男子，到底谁是真正的罪犯。而其中的关键在于如何解读两位嫌疑人的肢体动作。接下来，我们就来分析两名男子的动作表情到底隐藏了他们怎样的心理。

首先，白人男子看见身着警服的汤姆斯出现后，做出的动作是“右手抓住左手上臂，左手插在右臂下面”，这个动作通常表明了排斥心理，是典型的防御型动作。单从这个动作看，白人男子对于警察的出现非常抵触。其次，黑人男子的动作，则是“双手握拳，双臂交叉环抱于胸前，并且板着脸”，这个动作表明嫌疑人不仅有极强的防御意识，而且具有很强的攻击性。

当汤姆斯表明自己只是来喝咖啡的意图后，白人改变了姿势，慢慢放开了手，可是黑人依旧保持着刚才的姿势。到这里已经可以很轻松地判断出，白人男子并不是这起案件的嫌犯，他可能是一个仇视警察的混混，但绝不是畏罪在逃的嫌疑人，因为他将坐姿调整为放松的姿势。

而黑人男子则表现出强烈的攻击性，并且在听到汤姆斯的解释后，并未放弃保持自身的攻击姿势。这就说明，他的心里一直对警察保持着防御和进攻的准备。汤姆斯以此判断，他就是犯罪嫌疑人，于是果断掏出手枪将其逮捕。

# 逻辑大师：隐藏的歌剧

（解析见书后参考答案）

汤姆斯接到了一件谋杀案的匿名线索，该案件的被害人正是市长的亲戚，因此警局上下备感压力。匿名线索表明，下面表格中的字母隐藏着一部非常著名的歌剧，而此刻凶手正在全市唯一的音乐厅欣赏着这部歌剧。

这个案件看起来再简单不过了，然而对于歌剧一窍不通的汤姆斯却犯了愁，他看了看手下，又去问了问领导，结果整个警局都没有人懂歌剧。

你能不能帮帮汤姆斯，找出这部歌剧的名字？

| | | | | |
|---|---|---|---|---|
| R | A | T | F | P |
| E | H | O | H | Q |
| P | E | M | N | A |
| O | S | O | T | J |

图9

# 离奇身故

一名老富翁离奇死在家中，经过法医的鉴定，死者是因为服用大量安眠药而死的。而蹊跷的是，通过对死者胃里的消化物进行分析得知，这些安眠药并不是一次性服用的，而是分批次食用的。

仔细阅读案件资料后，汤姆斯发现了几点关键信息，首先这个富翁患有阿尔茨海默病，经常会忘记自己做的事情。而且他早已立好遗书，自己去世后，遗产全部由与他刚结婚几年的年轻妻子继承。

于是，汤姆斯传讯了死者的妻子。女子进入审讯室后，便将双手手指交叉在一起，且食指相互顶住，两只手的形态就像一种尖塔一般。看到女子的手势，汤姆斯皱了皱眉。

“女士，请问你能描述一下案发经过吗？”

听到汤姆斯的提问，女子并不排斥，而是侃侃而谈：“那晚我也不知道怎么了，特别困就早早睡了。第二天醒来，就发现丈夫死在了我的旁边。”

说完这些，女子停顿了一下，仿佛又想到了什么：“你们也知道，我的丈夫得了阿尔茨海默病，而且他睡眠质量非常不好，每晚都需要服用安眠药入睡。我觉得那天，可能是我先睡了，然后他吃了安眠药后醒了，又忘记自己已经服用过安眠药，于是又吃了一次，这才导致用药过量的吧！”

这样的解释，听起来似乎合情合理，但是汤姆斯还是看出了破绽。如果按照这样的推理，老富翁的胃里应该只有两次服用安眠药的药量。可是实际上，他的胃里出现的过量安眠药，足以达到平常服用药量的十几倍。难道老富翁一晚上连续起床服用了十几次？

汤姆斯从档案袋中拿出一本日记，这本日记是案发后在死者家附近的垃圾箱里找到的，好像是某人想要丢弃的证据。日记本的每一页都写了某月某日，而日期的后面都划着两条横杠。往后翻，每一篇都是这样，只有日期和两条横杠。

但是奇怪的是，在案发这一天，日记本上并没有出现日期和横杠，而是出现了好多页被撕掉的痕迹。

通过这个线索，汤姆斯仿佛联想到了另一种可能：这个横杠，是否是一种记号呢？

“女士，你看这个东西熟悉嘛？”汤姆斯一边说着，一边将日记本放在桌上。看到日记本后，女子的姿势发生改变，她的一只手臂在自己胸前弯曲后抓住另外一只手臂，像是在拥抱自己一般。

虽然女子沉默了许久，但是从她的姿势中，汤姆斯已经得到了答案。

“女士，你就是凶手，我已经推理出案件的真相。请你认罪吧！”

**【疑点重重】：**

1.为什么汤姆斯判断女子是凶手？

2.老富翁是怎么死的？

如果你是警员，将会给出怎样的分析思路：

**【案件分析】**

怀疑女子是凶手应该并不难，像老富翁这种情况，一般犯罪嫌疑人的目的只有一个——继承遗产。下面我们进行具体分析：

通读全文后，我们得知了几条关键线索：

第一条是富翁死于过量安眠药；

第二条是安眠药并不是一次性服用的，而是分批次；

第三条是诡异的日记本。

如果仅从前两个线索上来看，大家很容易想到，患有阿尔茨海默病的老富翁可能忘了已经服用过安眠药，所以半夜起床后不停地服用安眠药好几次，这样的重复操作导致了死亡。

可是我们要想一个问题，富翁并不是第一天患病的，如果是这个原因，他可能早就死了。所以，应该是某种因素保证着他每天只服用定量的安眠药。而在案发当天，这个因素消失了，所以富翁才会服用过量。

那么这个因素是什么呢？

我们于是很容易就会想到，这个因素应该就是妻子的提醒。每天妻子会按时提醒老富翁服用安眠药，而案发当天，妻子睡着了忘记了提醒，所以老富翁自己才会服用过量。

这样解释，似乎一切都合理了！

但是，我们再从审讯时女子的表现来看，一切似乎又都不对劲了。

我们看到，女子进入审讯室后，她的姿势是双手手指交叉在一起，而食指相互顶住，两只手的形态就像一种尖塔一般。这种姿势一般表明，因为某种主观或者客观原因，嫌疑人对审讯人员有着内心优势，认为局势在自己的掌控之中，这种心理加强了嫌疑人内心的对抗情绪。所以，老富翁的妻子来到审讯室时的表现是胜券在握，不惧审讯的姿态。

而之后，在汤姆斯提及笔记本的事情时，女子的姿势则变成了单臂交叉抱于胸前。这个姿势常见于女性，这是一种较隐蔽的自我拥抱。表达了想与他人保持距离，显示了嫌疑人内心的不安与缺乏自信。

这两个姿势的对比，一个显示的是胜券在握的心理优势，另一个则是表露了内心不安与缺乏自信。嫌疑人心态的改变，仅仅是因为一个被丢弃的笔记本。

从这里，我们基本可以推断出，女子便是凶手，而证据则是这本笔记本。可是，笔记本上只是写了日期和两条横杠。这又代表着什么呢？

**【题中题】**

关于日记本上日期与两条横杠的意义，你有哪些猜测呢？

________________________________________

________________________________________

________________________________________

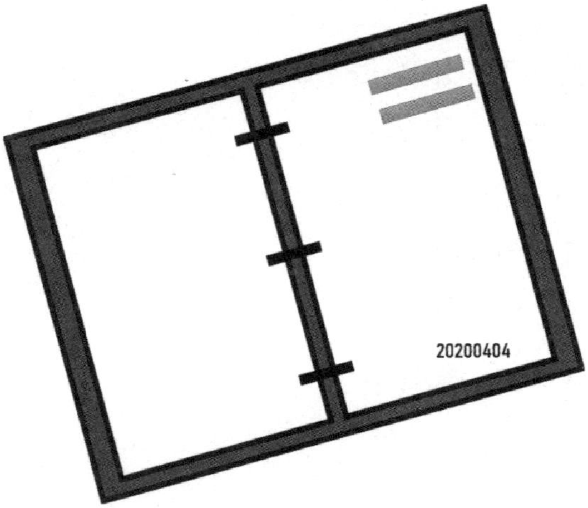


图10

前面我们说过，老富翁应该是有一个提醒自己定量服用安眠药的因素。那么，这个笔记本，是否就是那个因素呢？

没错，笔记本上面的日期，便是服用安眠药的日期，而下面的横杠，则是服用一次安眠药后，老富翁在上面画的记号。一条杠表示已经服用过一次，两条杠说明已经服用过两次。

这样，每次老富翁在夜里醒来，如果看到笔记本上已经有两条横杠，则说明不需要再吃药了。

而案发当天，女子看见老富翁服用两次安眠药后睡下，于是将那页日记撕掉，重新写上了日期。醒来的老富翁一看日记本上“没有记录”，以为今天还未服药。这样重复几次，便导致了他用药过量。

**【题中题】**

我们已经知道女子是凶手，那么她行凶的动机呢？

A.遗产

B.其他

大部分人可能会选择A，但是实际上这名女子可能是因为其他一些事情，临时起了杀心。为什么这么说呢？因为她已经是遗产继承人了，如果这么着急弄死丈夫，那么作案动机未免太明显了。更重要的是，如果蓄意谋害老富翁，她应该会有比较周密的计划。然而她竟然将案件的关键证据日记本随手丢在了垃圾箱里，虽然撕掉了带有自己笔迹的那几页，但是这样的行为显然不像是经过深思熟虑之后做出的。因此，该女子有可能是冲动行事，她的行凶应该是出于别的目的，至于是什么，我们就不得而知了。

# 家　暴

一位女士来到警局报案，表示自己长期遭受丈夫的家暴。警方在走访后发现，女士家附近的邻居并没有承认这一说法的，还称赞他们夫妻关系好。而被指家暴的男子，对于妻子的控诉也是感到莫名其妙并矢口否认。

虽然这不是一个大案件，但是汤姆斯还是出发前往女士的住处。在查访周围邻居后，汤姆斯得到了几点评价，女士的丈夫是一名外企员工，薪资可观，长相帅气。而且他们一家三口经常出去旅游，非常欢乐。可是最近一段时间，似乎一家三口一起出去的时间比较少了，或许是因丈夫工作太忙。

通过简单的询问，汤姆斯感觉女士的丈夫并不像是那种会家暴的人。难道只是普通的家庭问题，是女士小题大做了？

最后，汤姆斯来到了嫌疑人的家门口，敲门之后，一个可爱的小女孩开了门。汤姆斯了解到这就是该女士的女儿，并向她问好。

进入房间后，汤姆斯总有一种莫名的感觉，房间家具摆放得很满，但进去后能感到说话和脚步隐约有一丝回音。这让汤姆斯产生一种似曾相识的感觉。

虽然感觉到异常，汤姆斯还是先对小女孩儿进行了询问。当他小声地问爸爸是否打妈妈时，小女孩儿先说了没有，然后迅速用手捂住嘴巴。

看到这一反应，又想到刚才房间的异样，汤姆斯心里有了些把握。

“小姑娘，你放心，我不会告诉你爸爸的，你跟叔叔说，是不是爸爸让你别跟其他人说的？”

听到汤姆斯的劝解，小女孩点了点头，低头呢喃道：“爸爸说我已经不是他的宝贝了，如果还不听他的，他就把我扔了。”

看到小女孩的反应，汤姆斯在心里分析出了事情的来龙去脉。

**【疑点重重】：猜猜看，故事的真相是什么？**

如果你是警员，将会给出怎样的分析思路：

______________________________

______________________________

______________________________

**【案件分析】**

在这个案件讲述中，一名女士因为遭受家暴而报案，但是警方起先经过走访调查发现，该男子并没有家暴迹象。首先，我们要明确一点，如果男子真的经常对妻子进行家暴，附近的邻居应该会听到声响。从邻居的反映来看，一家三口是非常幸福的。那么，这一说法是否就不成立了呢？

注意一点，当汤姆斯进入房间后，他感受到了房间的异样，并且觉得这个房间似曾相识。汤姆斯作为一个警官，他经常待的地方除了办公室、案发现场还有哪里？没错，就是审讯室。

那么这个房间到底和审讯室有什么相似的地方呢？注意，邻居从未听见过家暴的声音，而房间里能察觉到略微的回音。这就说明，这个房间的隔音非常好！原来，房间经过特殊的隔音处理，男子家暴时，外面的邻居就不能听到任何声音了。

当问及爸爸是否打妈妈时，小女孩先是回答没有，但是又做了一个用手捂住嘴巴的姿势。人们在说谎后，会下意识地迅速用手捂住嘴巴，让自己不再说谎。尤其是在孩子身上，这一类表现得较为明显。当汤姆斯进行一番劝解后，得到的结果是“爸爸说我已经不是他的宝贝了，如果还不听他的，他就把我扔了”。这句话可以看作小女孩儿为父亲隐瞒的原因，但是我们还要注意到一点：为什么男子说女儿已经不是他的宝贝了？

再联想到邻居所说的，以前一家三口非常恩爱，经常出去玩，而最近好像没有了。是否可以说，以前一家三口是真的和睦恩爱，而最近发生了某件事，导致了男子开始出现家暴行为？

到这里，如果让你提出一个大胆的猜想，你能想到会是什么导致男子性情大变吗？

---

（提示：与小女孩有关）

最后，汤姆斯通过调查发现，男子之所以最近像变了一个人，原是因为他得知女儿并不是自己亲生的！

# 议员妻子被杀事件

这天，警局接到一个大案子，议员的妻子被人谋杀，死在家里。因为涉及的人物位高权重，所以汤姆斯十分重视对现场的勘查。通过一番观察后，汤姆斯发现死者处在一个密闭的房间，而这个房间的钥匙只有管家和议员拥有。

由于议员正在参加重要会议，尚未传唤到场，所以汤姆斯便先审问管家。管家是一位五十来岁的老奶奶，听说还是议员的亲戚。见到警官后，她明显有些紧张，不过并未表现得过于惊讶。

“虽然这么问很失礼，请问您和夫人的关系好吗？”

听到警官的提问，管家似乎回忆了一番：“我和她的关系很好，梦迪女士平时对我就像亲人一般，我也把她当成女儿看待。”

汤姆斯仔细观察管家的表情，发现她的瞳孔并未放大，而且是思考了一会儿再回答的，说明她确实是在回忆。

于是，汤姆斯便向着另外一个可能性进发。“那么议员和夫人平时关系好吗？”

“好，他们挺好的！”虽然管家回答问题坚定迅速，但是她还是不自觉地抓挠了一下耳朵。

这个细节被汤姆斯注意到了，为了确认自己的猜想，他再次深入提问：“我想请问，您不会看到案发当时的情况了吧？”

汤姆斯这个问题一出，管家变了脸，似乎一脸的纠结，但是还是缓缓回答道："没有这样的事儿，我什么都不知道！"

"那就好。"汤姆斯随口回应，然后便扭头看向其他地方。这时，他用余光瞥见，管家又在不自觉地抓挠着脖子。

"我知道谁是凶手了！"

图11

**【疑点重重】：为什么汤姆斯说他知道谁是凶手了？**

如果你是警员，将会给出怎样的分析思路：

______________________________

______________________________

______________________________

**【案件分析】**

案件交代了死者的地点——密闭的房间，而这个房间的钥匙只有管家和议员拥有。而单从汤姆斯的提问来看，对于第一个问题，管家的回答是经过思考和回忆的，而且当时她的面部表情并没有奇怪的地方，所以应该能证明管家和死者的关系确实挺好。

而注意后文，在汤姆斯问“议员和夫人的关系好吗？”时，虽然管家的嘴里说的是好，但是她下意识地去抓挠了耳朵。在肢体语言解读中，一般人们在说谎的时候，会觉得自己的耳朵痒或者耳朵发热，于是会不自主地伸手去抓挠耳朵。

那么，是否说明管家在回答这个问题的时候撒了谎？议员和死者平时的关系可能并不好，或者说非常糟糕，这是否就能证明议员有杀人动机呢？但是管家撒谎的理由是什么？毕竟她和死者的关系也很不错。

答案就出现在故事的前部，故事一开始就交代过管家与议员的关系。管家可是议员的亲戚，即便没有金钱、权威的诱惑，亲情的关系也会让她做出包庇议员的举动。为了证实这一想法，汤姆斯紧接着又发问，问管家是否看到案发过程。管家否认，可是在汤姆斯没有正视她的时候，她又不自主地做出了抓挠脖子的动作。

这个动作跟前面的抓挠耳朵相似，一些人在撒谎时，面部与颈部会隐约产生刺痒的感觉，于是只能通过摩擦和抓挠的动作去消除这种不适。管家的连续撒谎和试图包庇让汤姆斯判断凶手就是议员，而最后经过侦查审讯，发现凶手果然是议员，他的管家也因为包庇罪被警方逮捕。

# 逻辑大师：解不开的保险箱

（解析见书后参考答案）

一个有组织的犯罪团伙盯上了一位以色列的神秘富豪，在经过长达6个月的踩点之后，他们摸清了富豪别墅的安保情况。最近，他们收到情报，以色列富豪准备在黑市出手一批血钻（通过血腥暴力的方式从非洲欠发达国家采集而来），黑市预估价值超过1.2亿美金。

犯罪团伙的头目得到准确的线索，这批珠宝就藏在富豪家的保险柜内。由于以色列富豪的安保措施极为严密，想要绑架他几乎是不可能的，于是犯罪团伙在富豪出国商谈生意之际潜入他的别墅，这时大部分安保人员都跟随他外出了，别墅只剩下极少的守卫，比较容易得手。然而，犯罪团伙的几位偷盗高手虽然悄无声息地进入了别墅，也顺利找到了保险箱的藏身之处，却遇到了一个棘手的问题。原来，保险箱的密码过于复杂，而这也是富豪能够每一次都放心离开的原因。

如图12所示，这是一个经过精密设计的保险箱，OPEN（开关）位置设有指纹锁，只有富豪一个人的指纹有效。由于保险箱太大，犯罪团伙也不可能在不被安保发现的情况下将它带走，更不可能使用炸药。想要不惊动安保人员，他们只有一个选择，那就是破译密码。

保险箱上一共有25个按键，要想打开保险箱，每一个按键都需要按到，而且每一个按钮只能按一次，然后就会失去作用，必须依靠指纹重启才能恢复，也就是说犯罪团伙只有一次机会。

按钮上写着的是移动的数量与方向，例如1S，其中S是south（南）的缩写，也就是向南移动1步。那么，如果你是犯罪团伙的一员，能够破译如此复杂的保险箱密码吗？

| | | | | |
|---|---|---|---|---|
| 1S | 2S | OPEN | 1E | 4S |
| 3S | 2S | 3S | 1W | 2S |
| 3E | 1E | 2W | 1S | 1N |
| 3N | 1W | 3N | 2N | 2W |
| 1E | 4N | 1E | 4N | 2N |

图12

# 深夜追捕

夜里，汤姆斯正在追捕一名嫌犯。对方身穿风衣头戴帽子，让人无法看清他的样貌。就在汤姆斯马上要追上他的时候，对方却在一个拐角跑进巷子里不见了。汤姆斯沿着脚印跟上去，发现脚印消失在某个公寓的一楼。而这个公寓的一楼，只有两名住户。汤姆斯敲了敲1号门，开门的是一名精壮男子，他仿佛刚洗完澡，头发都还是湿湿的。“你是谁？什么事儿？”男子开门后发现是陌生人，明显有些不耐烦。

“我是警察，请问有陌生人进入你的房间吗？”虽然对方语气并不好，但是汤姆斯还是耐心地诉说自己的目的。男子思索了一下，摇了摇头，“没有，我一个人在家，并没有看见其他人”。看见男子思索的表情，汤姆斯只能回应：“那不好意思打扰了，我再去其他地方看看。”

随着1号门的关闭，汤姆斯又轻轻地敲起2号门来。而过了快一分钟，汤姆斯才听到有人来开门的脚步声。门开之后，站在他面前的是一名身材高挑的女子。见对方并没有说话，汤姆斯率先自我介绍。“女士打扰了，我是一名警察，这是我的证件。请问你有看到陌生人吗？我正在追捕一名嫌疑犯，而他似乎逃到这附近了。”

听到汤姆斯的问题，女子不自觉地把手放在颈窝上：“陌生人？我没有看到什么陌生人。我一直在睡觉，被你的敲门声吵醒了。”听到女子的回答，汤姆斯再次确认：“真的没有吗？如果有困难可以告诉我！”女子迟疑了一下，还未回答，汤姆斯便持枪冲进了她的房间。

**【疑点重重】：猜猜看，为什么汤姆斯觉得嫌疑犯在女子的家中？**

如果你是警员，将会给出怎样的分析思路：

______________________________________________

______________________________________________

______________________________________________

**【案件分析】**

这是一起警察深夜追击嫌疑犯的案件，首先，嫌疑犯的脚印消失在两名住户的门前，要么嫌疑犯是业主，要么他正躲在某户人家之中。案情继续往下进展，汤姆斯先敲开了第一名住户的房门，里面是一名精壮的男子。在汤姆斯的询问下，男子思索片刻便得出答案，没有见到陌生人的身影。

一般来说，一边说话一边思考，要么是在回忆，要么就是在组织语言，思考如何骗人。从这两点分析，男子要么真的没有见过其他人，要么就是嫌疑犯本人。但是由于没有确凿的证据，汤姆斯不敢贸然行动，否则一旦判断错误，势必会打草惊蛇。所以，汤姆斯选择再询问第二名住户看看。

敲门许久之后，第二名住户的门才打开。里面的女士声称自己在睡觉，被敲门声吵醒了。这里有一处细节，在汤姆斯询问是否看到陌生人的时候，女子虽然口头上回答没有看到任何人，但是她的手却不自觉地放在颈窝上！

在心理学中，触摸和抚摸颈部是一种最常见、意义最显著的安慰行为。当女人用手触摸颈窝或者将手放置在这一部位时，说明她感受到了苦恼、威胁、不安全感或害怕。通过分析，汤姆斯已经确定，这位女士受到了威胁，于是持枪冲进去逮捕嫌犯。

# 第四章

# 别对我说谎：超级测谎术

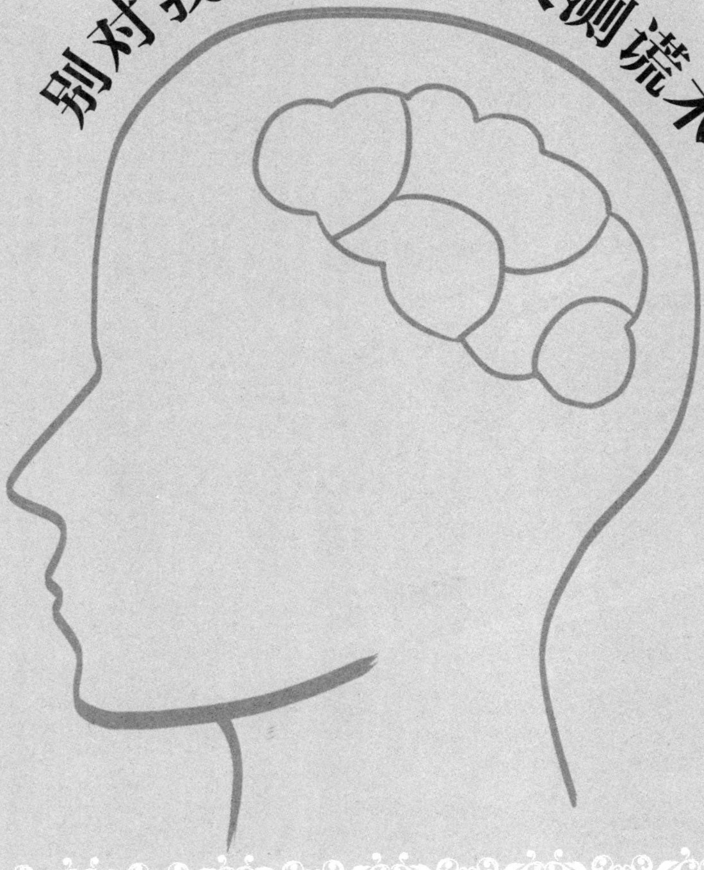

# 出其不意的提问

今天审讯室又来了一名新“客人”，一名涉嫌谋杀的嫌疑人。一名女士在家中被害，而据目击者称案发前一小时，这名嫌疑人曾经进入过被害女士的家中。这名嫌疑人名叫艾斯，面对警方的询问，他坚持说自己只是去女士家中修理电器，待了十分钟便离开了，并没有所谓的作案时间。

汤姆斯看了看案件资料，目击者只是说在被害人死亡前一个小时看见嫌疑人进入了案发现场，但并清楚他是什么时候出来的。也就是说，如果无人作证，那嫌疑人很有可能是在受害者家中待满一个小时后行凶。反之，也有可能是嫌疑人并未说谎，他离开后凶手才进入房间杀了受害者。

两种可能性都存在，汤姆斯只能用审问的方式来打破他的心理防线。汤姆斯坐在艾斯的对面，并未提及案件详情，而是问他的家庭情况。虽然艾斯有些疑惑，但还是一五一十地交代了家中的经济条件、家庭成员。而正当艾斯侃侃而谈时，汤姆斯却突然发问：“请问你是几点钟离开被害者家的？”

当愉快的聊天氛围突然被问题打断时，艾斯明显有些不开心：“我10:10离开的，就待了十分钟！”

“那你之后又干了什么？”汤姆斯紧追不舍地继续提问。

艾斯想了想：“我出来之后先是回了趟家，然后洗澡，在10:40的时候看了会儿报纸，然后感觉肚子有点饿，便吃了点面包，最后11:20出门前往另外一个客户家修理电器。”

见到艾斯详细地讲述了自己的时间线，汤姆斯再次提问：“那么，现在请你快速地用倒叙的方式说出你的时间线！”听到这个问题，还处于思索状态的艾斯明显愣住了，他想了一会儿，准备开口。汤姆斯阻止并看了看他，说：“先生，你已经暴露了，还是请你好好交代自己的罪行吧！”

**【疑点重重】：汤姆斯是通过怎样的方法侦破艾斯的谎言的？**

如果你是警员，将会给出怎样的分析思路：

______________________________________________

______________________________________________

______________________________________________

**【案件分析】**

这是一种审问过程中常常出现的情景，警察其实并没有任何实质性的证据，而嫌疑犯也没有不在场证明，所谓的证明全都是嫌疑犯自己说的。那么在这种情况下，警方就需要假定犯罪嫌疑人有罪，通过各种技巧突破嫌疑犯的心理防线；如果犯罪嫌疑人全程表现没有任何问题，也就摆脱了嫌疑。

虽然有目击证人声称嫌疑人在案发前一个小时进入过受害者家中，但是这并不能说明什么。如果是常规的审问，肯定会直接问嫌疑人在案发前一个小时都做了什么，待了多久离开的。而经验丰富的汤姆斯很清楚，凶手作案之后，如果没有逃窜，那么一定会做好充分的准备来应对警方的提问，有经验的罪犯甚至还会将所有应答都烂熟于心，常规的问题只会让他们背诵事先准备好的答案罢了。

所以汤姆斯一开始并未问案件相关的问题，而是跟嫌疑人唠唠家常，选择在某个时机问一些出其不意的问题。相关研究表明，无论人类的大脑能处理的信息量有多么大，对于大多数人来说，在某一时间点都只能进行相对有限的思考。

由于假定艾斯已经将案发之后的过程熟记于心，所以汤姆斯先将他的思路转到日常问题上，通过闲聊的形式让嫌疑人放松警惕。而就在此时，汤姆斯突然将话题带回案件，让嫌疑人陷入思维过渡期——从日常转变到案件过程虽然不慢，但是其叙述依然会有瑕疵。

所以在艾斯的回答中，大部分可能都是事先准备好的，但也有可能出现现场编造的时间点。就在这时候，汤姆斯提出了让艾斯将时间点倒叙的要求。这种方式，会增加嫌疑人的认知负荷，对他来说也是一种陌生的叙事方式。

如果前面他不经意间编织了谎言，那么在倒叙中，他还要极力去思考如何圆谎、如何不自相矛盾。通常情况下，正常的人把记忆中的东西倒叙说出，是比较容易且迅速的。但是在撒谎者的脑海里，把凭空创造出来的时间点立马倒叙说出，会是一件很困难的事情。

所以，艾斯在审问过程中，在被问了几个出乎意料的问题后露出了马脚。而经验老到的汤姆斯，还未等到嫌疑人开口倒叙，就推断出了他是在说谎。

# 谁是罪犯

今早，一名送餐员被当成嫌疑人带到了审讯室。报案人是餐厅的老板，他的名贵古董被人偷了。而据老板的回忆，能下手的只有一名送餐员和一名清洁工，但是送餐员因为好赌最近缺钱，所以他判断是送餐员偷了古董。

汤姆斯审视了嫌疑人一会儿，送餐员是一名高高瘦瘦的白人男子，看起来像是平时喜欢锻炼的人。他看起来并不紧张。从这种情况分析，要么他是心思缜密的罪犯，要么就是他确实没有偷窃古董。

汤姆斯微笑着，和善地对他说："看起来你并不是特别紧张，那再好不过了。我只需要问你几个问题，如果你能洗清嫌疑，我立马放你离开。"

送餐员听后，点了点头说道："警官请问，我一定配合你的工作！"

"那么在古董失窃的时间段，你在干嘛呢？"汤姆斯缓缓地提出了第一个问题。

"呃，我想想！"送餐员一边摸了摸下巴一边回答："我记得我是先去送了一份餐，然后回来之后和清洁工吵了一架，接着我去了一趟洗手间。当时我好像在洗手间遇到了老板，从洗手间出来之后，又连续送了两单餐，最后便被你们带到这里来了。"

听到送餐员的口述，除了送餐时间，在店里的时候，他似乎都有不在场的证明。如果是这样的话，是不是说明他没有作案时间呢？

汤姆斯思索了一番，接着发问："那么，你在店里的那段时间，有没有感觉到什么异常？或者是有什么细节？"

"如果说异常的话，我和清洁工的吵架有点莫名其妙，他好像是故意找茬的。吵完架后，我去前台吃东西的时候，看到他偷偷摸摸地去了后厨。"送餐员像是想起什么，突然一股脑地提供了这些信息。

"哦？那这么说，清洁工好像也有一定的嫌疑！"汤姆斯自说自话道。

审讯室安静了一会儿，之后汤姆斯继续提问："你所说的信息对案件十分关键，我想再次确认一下。你和清洁工吵架之后，是不是真的看到他偷偷摸摸去了老板的房间？"

送餐员很快回答："没错警官！我亲眼看见的！"

"我应该知道是谁偷走古董了！"汤姆斯笑了笑。

**【疑点重重】：猜一猜，偷走古董的会是谁？**

如果你是警员，将会给出怎样的分析思路：

______________________________

______________________________

______________________________

**【案件分析】**

在这起案件中，老板的古董被盗，其手下两名员工成为嫌疑人。而由于送餐员最近手头紧，以及其他因素，老板推测他就是小偷，并将其带到了警局。在审问过程中，汤姆斯先是问了送餐员的时间线。在送餐员的回答中，他是先送餐然后和清洁工吵架，接着又去卫生间，偶遇了老板，最后就是连续的送餐。单从时间线上来看，除了在外送餐，他在店里的其余时间都有人证明。

这样看来，送餐员似乎是不具备作案时间的。而当汤姆斯最后问到反常和细节时，送餐员抛出一个重要的线索——他认为与清洁工的争论，似乎是对方有意为之，而且他还看到清洁工偷偷摸摸地进入了后厨。

看到这里，大家的思维很容易陷入一个误区：送餐员的时间线没问题，而清洁工似乎有犯案时间，因此很多人都会判断清洁工可能是小偷！

但是，这里有一个细节的漏洞，你发现了吗？

**漏洞：**________________________________________

我们来分析一下漏洞：送餐员一开始说的是看到清洁工偷偷摸摸进入了后厨，而后面汤姆斯询问的，则是老板房间！汤姆斯是故意这样发问的，后厨和老板房间，可是两个地方！不过，送餐员似乎和大家一样，第一时间并没有察觉到不对。

这是一个常用的审问小技巧，嫌疑人或者撒谎者在作案后，一般会想方设法创造有利条件去给自己圆谎。所以如果问到时间线或者某些关键的人物，他通常都会应答如流，因为他已经有了一定的准备，所以常规的问题他肯定会有所察觉。

但是，当涉及案件细节时，大部分嫌疑人都不可能准备得完全到位，所以只能靠临场反应来回答。就像本案的送餐员一样，他从被怀疑的对象，转变为提供细节的证人，于是想要将问题往清洁工身上引，便编造一些细节的描述。这也是为什么之后汤姆斯故意说错地点之后，送餐员没有发现的原因。

因为送餐员自己所说的内容，都是编造的。汤姆斯让送餐员放松警惕，就是想减少他思考的时间。送餐员万万没想到，不经意说出的一句话，却成为败露自己罪行的证据。

# 逻辑大师：我是谁

有一个臭名昭著的黑帮大佬，听说过他的人很多，然而真正见过他的人却很少，江湖上只有他的传说。这个大佬为了树立权威，同时给他人造成心理威慑，曾跟被他抓来的人玩十分凶残的游戏。游戏的名字就是“我是谁”，他出题让对方回答，如果对方无法猜出他是谁，就会被他枪杀。

今天，蝎子帮的几个人由于抢占地盘被这位大佬的手下抓住了，他们几个能保住小命吗？

我出生在意大利西西里岛；

我热爱权力但从不崇尚暴力；

我说话的时候总是面带微笑，但是别人却经常被吓破胆；

我经常被警方起诉，却从未被定罪；

我混帮派，但是有两个原则：第一不贩毒，第二不杀执法者；

一部经典电影是以我为原型的。

好了，如果你还猜不到我是谁，我只能将这颗子弹送给你了！

# 影院轶事

今天是难得的休假时间，汤姆斯便来到电影院观看自己心仪已久的推理片。可是当电影演到一半的时候，一声尖叫打破了观影氛围。一名女士用双手抓着旁边的男子，并且大喊道："抓小偷！抓小偷！"

汤姆斯穿过人群走过去，向两人出示了警官证后问道："这位女士，请你说一下发生了什么？"女士像是抓住了救命稻草，一番描述滔滔不绝而来："警官先生，我正在看电影，结果发现这个男的偷我钱包，被我逮个正着！"

被称作小偷的男士涨红了脸，怒不可遏地回击："你说谎！我根本没偷你钱包，明明就是我不小心把水撒在你身上了，你想以此报复我！"

看到二人各执一词，汤姆斯先是询问了一下女士："请问你的钱包呢？在你身上还是在这位男士那里！"

"我不知道去哪里了！肯定在他身上，我要求搜身。我的钱包是新买的，蓝黑相间的正方形。"女士答道。

看到女士身上的水渍，汤姆斯暗暗有了想法："抱歉女士，没有拘捕令的时候我并不能随便搜身"。

听到这话，男士投来了感激的眼神："警官大人，我真的没有偷东西，她冤枉我！我现在可以跟你去警局，你可以用搜身来证明我的清白。""哼！有可能他早就把我的钱包丢了，现在根本不在他身上。"听到男士的坦白，女士并未放过他。

汤姆斯摸了摸下巴："请问女士，你的钱包是在电影院丢的吗？是什么款式的？”女士回应：“没错！我亲眼看见他偷我的钱包，我不是刚说过了嘛，我的钱包是蓝黑色的。”

汤姆斯听到女士的回答，扭过头看着男士问道：“你也听到这位女士的说法了，是否有什么证据可以证明你的清白呢？”

男士长长地叹了一口气：“警官，我也没有什么能证明的。我还是坚持自己的观点，她是在报复我，我并未偷窃任何东西！”

虽然男士的表情和言语都十分诚恳，但是出于警官的职责，汤姆斯还是必须有所作为。“不好意思了先生，虽然我不愿意冤枉任何一个好人，但是既然女士报了案，你还是得跟我去警局一趟了！”

汤姆斯带着男士准备离开电影院，突然，汤姆斯回头向女士发问，“这位女士，你还记得你的钱包是什么样吗？”

“蓝色的！”女士答道。

说完这话，她似乎发现自己说错话了，用双手捂住了嘴巴。

汤姆斯非常严肃地审视女士：“现在，你可以告诉我事情的真相了吗？”

**【疑点重重】：为什么女士最后会说钱包是蓝色的？**

如果你是警员，将会给出怎样的分析思路：

______________________________

______________________________

______________________________

**【案件分析】**

阅读全文之后，我们可以判断出案件有两个推想和思考方向。第一个就是比较正常的思路，男士偷窃不成反被女士抓捕；第二个便是两人产生了摩擦，女士有意报复男士。

从女士提供的线索来看，男士偷窃了钱包并且将钱包藏在身上或者其他地方。并且女士称她的钱包是新买的，是蓝黑相间的正方形。

大家要注意一下文中的细节描述。文中提到过，汤姆斯发现了女士身上有水渍，似乎和男士的说法相同。而且女士第一次对钱包的描述是“蓝黑相间的正方形”，而第二次汤姆斯提出同样的问题时，女士的描述则是“蓝黑色”。

一般来看，她的回答并没有问题，第二次回答有可能是简单表述。但是汤姆斯考虑了另一种可能，也就是该女士说谎，而她已经忽视了所谓的钱包的形状了，只记得自己给它的设定是蓝黑色。

当某一个人在撒谎时，如果审讯者反复地问一个问题，她的回答一般是会变化的。第一次回答时，她会找到最适合自己的逻辑点去回答；而第二次涉及这个问题时，虽然有可能她会忘记某些因素，但是因为处于撒谎状态，所以她还是会清晰地记得对自己有利的点。

但是之后审问者会让嫌疑人放松警惕，让他们脱离撒谎的状态。正如汤姆斯所做的，之后他并未再问女士，而是假装准备将男士带走。这一行为仿佛是在告知女士：你已经洗清嫌疑了，我觉得男士是罪犯。

感受到这一点的女士，立刻脱离撒谎状态，恢复平常心态。而就在此时，汤姆斯使用了测谎的小技巧，再次询问之前反复提及的问题。这时，像该女士说的“蓝色！”是她下意识地脱口而出的答案，而这个颜色应该是女士钱包真正的颜色。

# 文质彬彬的老师

商业街发生了一桩抢劫案，虽然劫匪头戴面具让人看不到面容，但是焚烧作案工具却成了让劫匪落网的关键线索。据目击者称，在作案工具的焚烧点附近曾有两个人徘徊。一位是刚刚入职的高中老师，另外一位则是不知去向的流浪汉。因为暂时只能查到高中老师的个人信息，所以汤姆斯便将他请到警局协助调查。

这位高中老师名叫奥利尔，是一个高高瘦瘦的男士，看起来十分绅士。“先生，能否告知我们那晚你在焚烧点附近干嘛呢？”汤姆斯问道。

听到汤姆斯的询问，奥利尔平静地回答：“我比较习惯在晚上四处走走，这样可以缓解我平时上课的压力，那晚只是凑巧路过那里。”

看着他沉稳自信的神态，汤姆斯也不好继续追问，停顿了一下，又开始从另外一个方面进行突破。

“那么先生，你当时有没有看到其他可疑人物？”奥利尔陷入了深思，微微皱起眉头，似乎在回忆着。“我依稀记得，好像看到了一个流浪汉也在那里。但是夜色太黑，我并未看清他的面容。”

一切看起来十分合理，奥利尔的这番话，将劫匪的帽子扣在了至今未找到的流浪汉头上。仔细想来，是否就是流浪汉抢劫之后畏罪潜逃呢？但是经过专业训练的汤姆斯却不这样想，他感到一切显得过于顺理成章——失踪的流浪汉和奥利尔的说辞，仿佛就是设定好的故事结局一般。

出于试探，汤姆斯再次提问：“你既然说看见流浪汉，是不是他也有可能看到你？你可是重要的目击证人，为什么不来警局报案呢？”听到这话，一直很平静的奥利尔有了一点犹豫，正当他准备想如何回应时，汤姆斯连续发问。

“我是不是可以说，你才是真正的作案人员？因为心虚，所以你才不敢来警局提供线索？”“不，我不是！”奥利尔换了一副姿态，激动地否认。

汤姆斯敲了敲桌面，说：“是流浪汉看到了你烧毁作案工具，他想要报案却被你威胁，所以才一直处于失踪的状态吧？”听到这话，奥利尔彻底慌了，他不停地摇头并进行否认：“没有！我没有！”汤姆斯拿出纸笔，严肃地回应：“你还是交代你的罪行吧！”

**【疑点重重】：为什么汤姆斯会觉得凶手是奥利尔？**

如果你是警员，将会给出怎样的分析思路：

______________________________________________

______________________________________________

______________________________________________

**【案件分析】**

通读上半段文章，我们可能会陷入一个主观陷阱——嫌疑人有两名：一名是收到警察通知前来警局的高中老师，看起来十分绅士；而另一名则是失踪的流浪汉，如果没有做坏事，为什么他会失踪不让警察找到他？

从身份来看，一般人们会偏向于老师的嫌疑更小，而接下来的询问似乎也证明了这一观点。当汤姆斯问到奥利尔出现在案发现场附近的原因时，奥利尔的回答状态非常平静且没有感情波动。以这样的状态来看，他可能是一个问心无愧的人，不过，也可能是蓄谋已久的撒谎者。

虽然奥利尔给出的理由或许有些牵强，但是回答总体上没有太大问题，而之后他提出看到了流浪汉，将嫌疑抛给流浪汉。此时，汤姆斯却觉得有些奇怪，奥利尔的陈述和举动让他出现了嫌疑。

之后，基于这些疑点，汤姆斯连续提出了几个对奥利尔不利的问题。而奥利尔这边也不再像之前那样平静了，变得焦急紧张。甚至在后面汤姆斯的一连串问题之下，他只能迅速地回答没有来掩饰自己的心虚。

试想一下，如果一个人问心无愧，怎么会因为警察的问题而变得焦虑和紧张，做出连续矢口否认的姿态？这只能说明奥利尔原本以为自己的谎言天衣无缝，但当自己的谎言被质疑时，他陷入了焦急失去了前面的冷静。最后被警察指出来，他才被暴露。

其实大多数罪犯并不像电影里面演的那样狡诈，他们可能能够应付几个问题，这些都是经过深思熟虑早已准备好的说辞。然而在深入的审讯中，他们的谎言很容易被识破。高水平的审讯者，往往只需要抓住一个细节，就能够突破罪犯的心理防线。

# 受益人

一位富豪离奇失踪，警方一开始以为是绑匪勒索赎金的案子，便先往这方面调查，然而迟迟没有接到绑匪的勒索电话。三天之后，警方接到报案，在一条偏僻的小水沟里发现了富豪的尸体。

由于富豪在当地有一定的影响力，所以警局上下备感压力，身经百战的汤姆斯自然也被委以重任，要求在一周之内必须破案。

由于没有接到勒索电话，所以案件被定为谋杀案。因没有目击证人，而且搜索范围过大，所以无法很快锁定嫌疑人。汤姆斯分析之后认为，如果排除绑架撕票的情况，那么做案原因最可能的就是个人恩怨或者是利益纠纷。

富豪一生与人为善，从未听说过他与何人结怨，所以只剩下利益纠纷这个方向。从过往的案件来分析，富豪离奇死亡，很多都与受益人有着千丝万缕的联系。富豪膝下无子，只有一名养子，根据遗嘱，他的巨额遗产归于其唯一的养子麦克。

一般来说，跟富豪沾边的案子都很麻烦，尤其是调查他们的家人。汤姆斯准备先去会会这个名叫麦克的年轻人。

在汤姆斯出示了警官证之后，麦克欣然邀请他进入家中。“很抱歉打扰你，你的父亲是一名受人尊敬的企业家……”汤姆斯说道。

汤姆斯的安慰也是一种试探。麦克低着头摇了摇手，示意汤姆斯不要继续说下去了。之后，汤姆斯从口袋中掏出随身携带的笔记本，坐在麦克对面。“先生，虽然现在这样说不太好，但是我希望你能提供一些线索，这样对侦破你父亲的命案也有所帮助！请问你父亲平时和谁关系不好？”

麦克清了清嗓子：“我父亲一生与人为善，从未有过不和之人。”

听到同样的说法，汤姆斯只能从另一个方面出发：“先生，听说你的公司前几年一直亏损，还有传闻说好像你的父亲一直想要撤资。”

听到这话，麦克却似乎被什么东西点燃一样，生气地说：“你这话什么意思？！你是怀疑我吗？”

图13

汤姆斯连忙回答：“先生，我没有其他的意思，只是例行调查随便问问，请不要生气。”听到汤姆斯的解释，麦克的情绪依然没有立刻缓和，而是继续板着脸，时间持续了半分钟。

看着麦克的表现，汤姆斯有些疑惑，但是为了证明自己的猜想，他再次做出试探：“先生，你的父亲去世，你应该是最大的受益人吧？”

听到这话，麦克气炸了，他愤怒地拍砸桌面，指着汤姆斯说：“你这话到底是什么意思？怀疑我？你给我滚出去！”

汤姆斯也没有迟疑，起身准备离开。但回头说了一句：“先生，案情调查需要你的配合，我的同事们就在门口，他们马上要进来搜查一下房间，之后得将你先带回审讯室。并不是说你一定是凶手，不过相信我们会很快确定杀害你父亲的人！”

**【疑点重重】：汤姆斯确定凶手就是麦克吗？**

如果你是警员，将会给出怎样的分析思路：

______________________________

______________________________

______________________________

**【案件分析】**

这个故事讲述的是富豪离奇失踪并且死亡的案件，汤姆斯把富豪的养子列为犯罪嫌疑人。在触及底线时，人们常常会用愤怒和生气来表达自己的不满。不过，有一些情况下，人们会伪装生气。真生气是一个人有底气的表现，说明这个人清白，没做过亏心事，而假装生气则往往是因心虚而刻意为之。

判断一个人到底是有底气还是心虚，应该从提问者的问题来看。若汤姆斯直言怀疑麦克杀掉自己的父亲，这时如果麦克和父亲关系很好，那么他生气则是情理之中的。

但是在前面的案情里，汤姆斯只是说到麦克公司的生意，并未提及关于他父亲案件的事情。可是麦克却突然发火，且长达数十秒。这是让人感觉到费解的，汤姆斯应该并未触及麦克的底线，为什么他会生气？

一般来说，儿子公司生意不好，父亲要撤资，虽然有暗示父子不和的意味，但是从生意的角度来看，这也是非常正常的。然而麦克却突然爆发。

这一切的表现说明了一个可能——麦克做贼心虚，此刻的他是在通过伪装生气来掩饰自我。

一般来说，若普通的事情却引发长时间（超过10秒）的生气表情就可能是假的。所以，麦克的情绪最开始多半是伪装的，他不应该因为一个无关紧要的问题生气长达数十秒之久。之后，汤姆斯说到受益人时，触动了麦克的神经，他此时的愤怒则应该是真的。

所以，案件可能的情况是，麦克因为公司生意亏损与自己的养父不和，想要养父继续出钱资助自己，但是养父却不同意。接下来就跟影视作品中的情况差不多了，豪门子弟为了提前继承遗产铤而走险。麦克也是如此，他肯定知道自己是遗产的唯一继承人，谋害父亲这件事很可能预谋已久，撤资只不过是导火索而已。

最后，经过警方的深入侦查，各方面证据都确凿充分，麦克果然就是凶手。

# 逻辑大师：趣味图形

（解析见书后参考答案）

又到了逻辑思维训练的时间，这一次汤姆斯给学员们出了一道简单的图形规律题。谁能在30秒之内从A、B、C、D四个选项中找到“？”处的答案，谁就可以带薪休假一天。

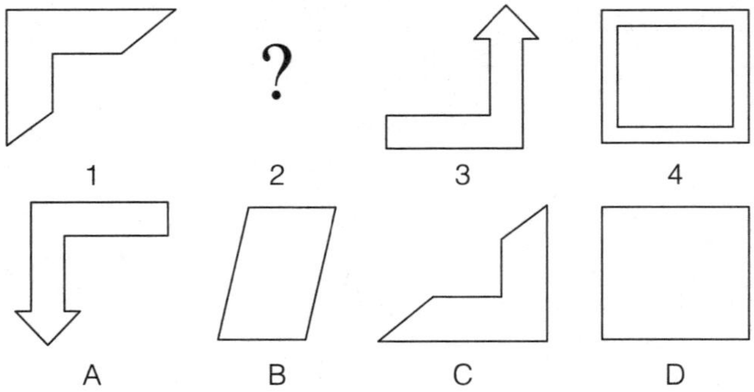

# 肇事逃逸

今天上午，市中心发生了一起肇事逃逸事件。一辆汽车失控撞伤行人后逃逸离开现场，还没等到警察查出谁是逃逸者，一个名叫艾福科的男子便来到警局自首。据他所说，今天他开车时为了躲避车辆不小心撞到了行人，但当时由于内心十分恐慌便逃离了现场，回到家之后开始坐立难安，想到受伤的行人感到内心自责，终于下定决心来警局自首。

虽然案件可以按照常规的交通事故来处理，但汤姆斯却从这位男子身上嗅到了一丝奇怪的味道。如果只是普通的交通事故，那么如果当时艾福科下车救助受害者并积极赔偿，可能会得到从宽处理，甚至会得到受害者的原谅而大事化小；可是如果由于他自身的逃逸导致受害者伤情加重甚至死亡，那么他背负的可不是一般的交通肇事罪了。

难道艾福科真的是由于惊慌过度失去了理智？汤姆斯也百思不得其解。“请问事故发生前你在干嘛？”汤姆斯还是决定展开进一步的调查。

艾福科仔细回忆后侃侃而谈：“我当时正在等红绿灯，然后打开窗户透了透气。”只见他一边说着，双手无意识地从握紧方向盘的动作变换到了打开窗户。

汤姆斯点了点头，说：“然后呢？”

“接着我好像看见车玻璃不干净，就用抹布擦拭了一下，后来绿灯亮了，我便发动汽车了！”艾福科说到自己擦玻璃时，无意中做出了一个喝水的动作。接着，他马上又做出了一个拿起东西擦拭前方的动作。

汤姆斯看到他的一番动作之后，有了对案情的大致推测。

“先生，你恐怕将面临一项新的指控！”

**【疑点重重】：猜猜看，汤姆斯作出了什么样的推测呢？**

如果你是警员，将会给出怎样的分析思路：

______________________________

______________________________

______________________________

**【案件分析】**

从表面来看，很多人都能理解，也会不由自主设想当时的场景。如果自己是艾福科，无意间撞伤行人，然后由于内心恐惧逃离现场。这样的场景构思也是符合人性和情理的。

但是大家要注意一点，第一是行人只是撞伤并不是撞死，一般在路上驾车磕磕碰碰难免会遇到，大家会因为这种事故背负肇事逃逸的风险吗？

一般来说，大多数人都不会选择逃逸。艾福科表示自己当时吓坏了，所以跑了，多半是借口。汤姆斯出于职业习惯展开进一步调查，而接下来他从艾福科的动作中发现了端倪。艾福科在回忆时，将当时的场景动作进行了复述。

通常，人们会习惯性地用肢体语言来帮助自己回忆。这里面有一个细节，就是在艾福科说自己擦玻璃的时候，却做出了一个喝水的动作。

人在说谎的时候，语言往往是事先准备好的，所以不容易分辨，但是无意识的身体动作却难以控制，这也是有经验的警探会紧盯的细节。从艾福科下意识的动作可以看出，他很可能在说谎。

说到这里大家肯定会有疑问，喝水也是有可能的嘛，为什么要撒谎？直接说自己当时在喝水不就行了嘛？

**【题中题】**

如果艾福科当时没有喝水，那会是喝什么？

思路分析到这一步已经很明确了，不要看后面的答案，把你的想法写出来吧：

______________________________

没错，大家是否记得开头的一段描述：“汤姆斯却嗅到了一丝奇怪的味道。”

**【题中题】**

你觉得艾福科身上有什么奇怪的味道？

______________________________

上面的题中题很简单，答案是喝酒。

很多人都觉得奇怪，如果艾福科身上是酒味，难道警察会闻不出来吗？如果奇怪的味道是浓浓的酒味，警方应该很早就发现了。艾福科身上奇怪的味道并不是酒味，而是他为了掩盖酒气，故意弄出来的异味。例如，有人为了逃避酒驾处罚，故意弄上一身臭咸鱼的味道，从而掩盖身上的酒气。所以艾福科身上奇怪的味道不是酒味，而是其他能够掩盖酒气的异味。

分析到这里大家都明白了，艾福科酒后驾驶，还撞了人。艾福科发现自己酒后驾驶撞伤人之后，担心酒驾会被重判，为了避免承担责任，选择暂时逃逸，回家之后想办法用异味酒精的味道，之后再回到警局自首，以为这样就能减轻处罚。最后，掩盖警方消除调查和取证，证实了这一切，而艾福科自以为的小聪明还是害了他自己，他受到了应有的处罚。

# 绑　　架

这天下午，汤姆斯接到一个匿名电话，报案人说自己的儿子被绑架了，绑匪以撕票相威胁并警告不能报警。无奈之下，此人只能用匿名电话向警官求助！

听到报案人的诉求，汤姆斯决定以一个私家侦探的身份与求助人会面。在一家咖啡厅里，汤姆斯见到了这个年近五十岁的求助人。经过他的仔细讲解，汤姆斯得知报案的这个人是一名富豪，儿子今年刚满十六周岁但是整天游手好闲，不好好学习，喜欢跟社会上的闲散人员瞎混。父亲对儿子充满了期望，希望儿子可以继承自己的事业，最近还加强了对儿子的约束，其中最明显的就是减少了儿子的零用钱，目的是逼迫儿子好好学习。结果适得其反，处于青春期的儿子经常跟他吵架。

而这天富豪接到老师的电话，说孩子今天没有去上课。虽然儿子成绩不太好，但是逃课的情况并不常见，所以富豪还是留了个心眼，正好今天工作不忙，索性决定跟孩子好好谈谈，于是开车到处去寻找儿子。转了一圈之后，富豪并没有发现儿子的踪迹，最后还是在家里的信箱里发现了一卷录影带，这才意识到出大事了，绑匪索要巨额赎金，否则就撕票。

屏幕上的画面是以绑匪的视角拍摄的，富豪的儿子双手被捆住坐在椅子上，不停地呼喊着救命，拼命挣扎，椅子剧烈晃动但是镜头却没有任何晃动。

镜头中没有出现绑匪的样貌，却出现了一段加工过的声音：“当你看到这段视频的时候，你应该知道你儿子现在的处境，希望你不要傻到去报警，否则我们将把你儿子一块一块地寄给你。”

听到这里，富豪近乎崩溃，哭喊着瘫坐在椅子上，可以看出，他是多么在乎自己的儿子。

停顿了一下，绑匪又缓缓说道：“听说你们家很有钱，我得好好想想，赎金定多少才好呢？”

细心的汤姆斯发现，在说这句话的时候，镜头里面的受害者右脚向前伸出，两只脚的距离大大增加。

看到这里，汤姆斯有了对于案件的猜想。而之后，视频里面的罪犯给出了五百万美元的赎金价格，并且要求富豪独自将钱放在华兰街的电话亭里。看完视频，汤姆斯说了一句：“你的儿子或许并没有危险！”

**【疑点重重】：猜猜看，为什么汤姆斯觉得受害者可能并没有危险？**

如果你是警员，将会给出怎样的分析思路：

______________________________________________

______________________________________________

______________________________________________

**【案件分析】**

这是一起绑架勒索赎金的案件，这类案件通常与富人家庭有关，通常是因为富人或其家人露富而被犯罪者盯上了。但是我们在分析本案的时候不要按照常规思路去想，原因在于汤姆斯最后的那句话——“你的儿子或许并没有危险！”

既然探长这么说，我们就应该调整思路，换一个角度入手。汤姆斯与富豪见面后，看了绑匪寄来的录像带。在录像中，绑匪提出赎金的金额以及交付地点，并且强调富豪不能报警且须独自去送钱。

现在，假设你是探长，从前面提供的有关录像的细节进行分析，你能提出几点疑问：

1.________________________________________

2.________________________________________

3.________________________________________

4.________________________________________

1. 整段视频中只有富豪儿子一个人的画面。

2. 关于绑匪的信息，只有一段经过合成的声音。

3. 椅子剧烈晃动但是镜头却没有任何晃动。

4. 受害者的坐姿发生了改变。

汤姆斯在看完视频之后，发现了以上四点疑问。进一步分析后，从前面三个疑点推出一个大胆的假设：这是一起自导自演的绑架案。首先，劫匪的声音完全可以后期合成；其次，椅子剧烈晃动镜头却没动，说明录像可能是摆在固定位置拍摄的，一个人也能完成。

但是，分析到第四点的时候，汤姆斯又否定了自己的想法。

假设整个案件只有受害人一个人参与，你知道哪个地方不合理吗？

________________________________________

当受害人听到劫匪说到该要多少赎金的时候，坐姿发生了明显的变化。“镜头里面的受害者右脚向前伸出，两只脚的距离大大增加。”

假设录影带是受害者独自拍摄完成的，说明劫匪的声音是他自己后期合成的，那么他的坐姿不应该出现无意识的变动。也就是说，这起绑架案的制造者可能有两个人。

汤姆斯否定了受害人单独作案的可能性，不过并没有否定整个绑架案是其自导自演的可能性，于是继续按照这个思路往下分析。

一般来说，当人们听到自己感兴趣的内容时，会下意识地向前伸出脚缩短两人的距离。这就很有意思了，按常理来说，受害人应该非常恐慌，当他听到有关赎金具体金额的时候，为什么会突然表现出感兴趣呢？

案情分析到这里就很明显了，这是一起受害人自导自演的绑架案，目的是为了向自己的父亲索要赎金。由于最近父亲停了他的零花钱，加上一直对他提出过于严苛的要求，他便想到通过这种方法进行报复。经侦查后，事实证明了猜想，相关人员依法也受到了惩处。

案件整体清楚了，我们再来捋一遍细节。如果不是专业人士，在分析的时候很容易只抓住一两个点深究，一旦方向错误，就会浪费大量的精力，而且无法还原事情的全部真相。

例如，很多人会把疑点放在“关于绑匪的信息，只有一段经过合成的声音”，他们很清楚，如果是通过变音软件合成的声音，后期经过技术鉴定就会露出破绽，所以就会根据这条线索深入分析下去。在本案中，以此作为突破口同样可以发现这起案件是受害人自导自演的，但很可能会忽略从犯。

此外，作为经验丰富的职业警探，汤姆斯抓的疑点也很到位，注意到了犯罪嫌疑人比较隐蔽的肢体动作。

# 逻辑大师：酒贩

格莫拉是意大利最古老的黑帮组织之一，该组织由上百个以家庭为单位的黑社会团体组成，每个帮派负责一个地区。

在一家偏僻的小巷，有一个酒贩常年贩卖葡萄酒，然而到这里买酒的人以格莫拉的成员居多，这也引起了警方的重视。经过调查发现，这个酒贩很有意思，只有6只酒桶，每只酒桶上面写着具体的容量（如图14所示），每天卖完了就关门回家。

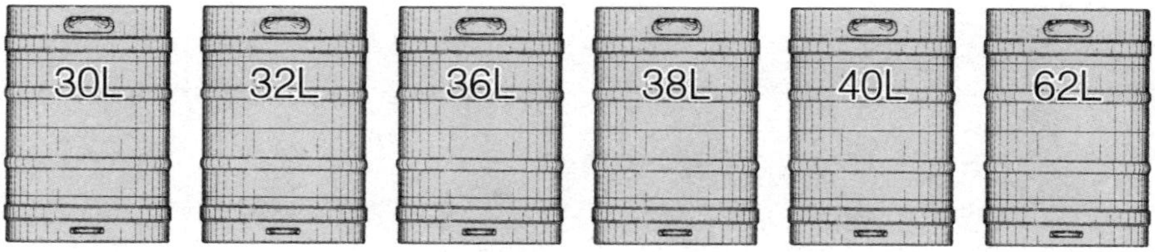


图14

每一次都是一些街头小毒贩前来光顾，而且一般都是三个人一个接着一个进店买酒，买完之后骑着小摩托很快消失在那不勒斯的大街小巷。警方由此判断，这里不只是卖葡萄酒那么简单，很可能在酒桶里面藏着毒品。

为了将毒贩一网打尽，警方不敢贸然行动，可是毒贩很狡猾，每次前来的三个人只有一个人会携带毒品离开，一旦抓错就会打草惊蛇。

突然有一次，警方得到线报，第一个进店的人将会买走两桶葡萄酒，第二个人买走的葡萄酒将会是第一个人的两倍，那么剩下的那桶酒里面就装着海洛因，买走剩下那桶酒的人是一个小头目，抓住他就可以继续钓到更大的“鱼”。

那么，如果你是警方，能够算出哪一只桶里面装着毒品吗?

# 第五章

# “疯子”们的凶险世界

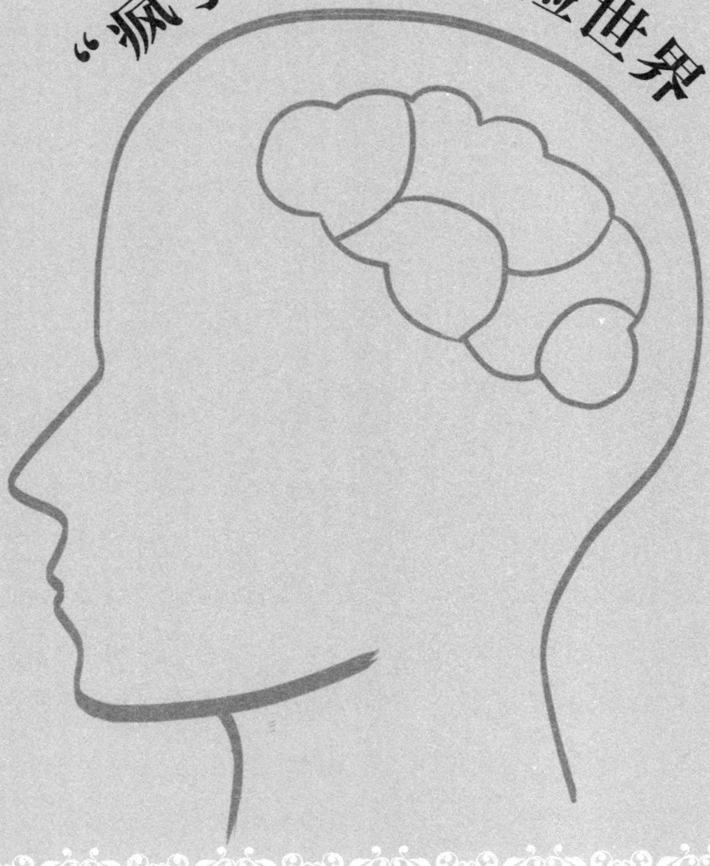

# 怪胎邻居

露西搬了新家，隔壁邻居是个内向清秀的男生。虽然搬家很累，但她还是坚持自己每天写日记的习惯。露西在梳妆台的镜子前记录下了今天的所见所闻，包括对新邻居的评价。

图15

“真希望新邻居不是个怪胎，能跟我正常交流！”看着日记的结尾，露西满意地进入梦乡。

第二天，男生居然向露西打了招呼，这让她感觉有些不可思议，她甚至怀疑自己的日记本，有某种魔力。晚上，露西依旧开始记录生活。寥寥草草写了几笔之后，她若有所思，在日记本上写下了“真希望明天起床就有早餐吃”！

神奇的事情发生了，露西起床后便发现门口摆放了可口的早餐。从此以后，露西每晚都在日记本上写出自己的愿望。而正如她所想，第二天早上她都能收到自己所渴求的东西——不管是名牌手提包，还是化妆品甚至是钱。

露西觉得自己就是女王，想要什么，日记本便能给她什么。虽然她越发觉得自己写日记时，有被别人盯着的感觉。但她不在乎，因为欲望让她无法自拔。

这天晚上，露西打开日记本，发呆了一会儿。突然，她在日记本上写道："如果能让隔壁的男生消失该多好，最近他老是跟我套近乎。真是烦死人了！"露西写完满意地入睡，期待明天的新闻头条，未曾想到，第二天的新闻头条是自己惨死家中的报道。

**【疑点重重】猜猜看，为什么露西会死在家中？**

如果你是警员，将会给出怎样的分析思路：

______________________________

______________________________

______________________________

**【案件分析】**

为什么露西会死于非命？这一点是大家疑惑的关键。

我们可以判断，在现实世界中，是不可能存在日记本许愿就可以实现这种事情的。所以，只能将这一现象归于人为原因。那么，就相当于露西每一次的愿望都有人帮她实现。大概故事就变成了：某人知道露西每天日记本上的愿望，所以着手让愿望实现。而且故事中也提到，露西每次写日记时，总感觉好像有人盯着她。那么事实应该是，露西写日记时，确实有人正注视着她。

露西是遇上了有偷窥癖的人。患有偷窥癖的人，或多或少遭受过一定的心理折磨，变得不愿与人接触。渐渐地，他们会开始悄悄偷窥心仪的目标，从中获取莫名的快感，以此来实现自己的精神满足。

故事的开头，偷窥者都是满足她的愿望的，说明了偷窥者对露西有着莫名的爱意。但是最后，为何他会将露西杀死呢？

仔细回看露西许下的愿望，你是否可以发现端倪：

大家回想一下，露西死亡前许的最后一个愿望是什么？没错，就是想让隔壁的男生消失。这个愿望惹怒了偷窥者，让他杀死了自己心爱的人。

说到这里，相信大家也应该明白这个故事的始末了。凶手，便是隔壁那个长相清秀的男生，他是一个有偷窥癖的人。他在邻居搬家之际，将露西房间梳妆台的镜子改成了单向透视玻璃，用来满足他偷窥的欲望。而在露西搬来的时候，他迎来了自己向往的暗恋。

他每晚看着露西一笔一画地写日记，将露西的愿望牢牢记在心中。第二天露西的愿望能够实现，都是因为有这个男生在不懈的努力。可是最后，这个沉醉于暗恋的男子，发现自己的爱情是多么的可笑，多么的悲凉，于是怒火中烧，杀死了露西。

# 遇害女童

汤姆斯正在办公室里悠闲地品尝咖啡，下午茶时间是唯一让他感到惬意的时光。突然，响起一连串的敲门声。一般来说，是没人敢打扰他享受午休的。

“进来吧！”汤姆斯虽然不喜，但是敲门声如此匆忙，一定是有大事发生！

推门而进的是新来的警员艾斯，想必他是遇到棘手的事儿了。“头儿，我遇到个大案子，需要你帮帮我！”果然不出所料，艾斯一边焦急地说着，一边擦拭着额头的汗珠。

汤姆斯放下咖啡杯，接过艾斯递来的档案。档案显示，在郊外的一个小镇，今早发现了一具女童尸体。从验尸报告上来看，死者生前疑似遭受过性侵，并且身体上出现多处划伤。

警方初步判断是有虐待倾向的恋童癖所为，便开始排查小镇所有符合条件的男性。最终锁定了三名嫌疑人。可是让警方吃惊的是，三名嫌疑人在案发时都拥有不在场的证明。眼看真相就要浮出水面，却又陷入了僵局。

汤姆斯仔细阅读了每个人的证词，发现三名嫌疑人确实拥有充分的不在场证明。那么从理性上分析，凶手应该不在其中。

在艾斯焦急的目光下，汤姆斯缓缓闭上了双眼。新来的警员不知道这是汤姆斯一贯的思考状态，更加感到急迫。

“长官，可否先将案件看完，再闭目养神，我真的快急死了。”

汤姆斯依旧没有任何表情，只是缓缓说出一句：“你知道当年的桑德拉·坎图案吗？”

这句话将艾斯问住了，他今年是刚从警校毕业的，经验尚浅的他并没有掌握之前发生的大量案例，不过这件事由于在当时震惊了全美，他也听说过一点。

“长官，你的意思是，这案子跟当年的8岁女童虐杀案有关？”

汤姆斯睁开双眼笑了笑：“看样子你也不笨，去书柜第三层拿出第二本册子来。”

艾斯遵循指示，拿出一本册子，翻开发现是关于8岁女童虐杀案的笔记分析。而且看字迹，似乎就是眼前这位长官所写。

“这就是我关于那个案件的笔记和分析，相信你看完之后应该会有答案。”汤姆斯指着册子，不紧不慢地说道。

艾斯仔细阅读，大概知道了案件的相似性。

2009年3月，美国加利福尼亚州，8岁女童桑德拉·坎图，被人用金属钝器性虐并杀害，后又被装入手提箱抛入水中。而凶手，竟然是死者好朋友的母亲，同样生活在附近的邻居。

这个案件轰动一时，原因在于凶手的手段十分残忍。身为一名母亲，竟然如此凶残。

仔细想来，它和这次的案子似乎十分相似。

可是对于凶手的心理，艾斯十分不解。旁边的汤姆斯见他一动不动，便进行一番指引。“你是否在疑惑凶手的动机和作案心理？”

艾斯被人看穿心思，也不害羞，大胆地承认了自己的无知。

**【疑点重重】：凶手的作案动机及心理是什么？**

如果你是警员，将会给出怎样的分析思路：

【案件分析】

汤姆斯先从虐童案件的心理进行讲解："常理来说，虐童案件主要有三种类型：

"1.罪犯自身患有恋童癖的心理疾病；

"2.无差别杀人，罪犯为了满足自己的目的，不分年龄、性别地实施虐待杀人；

"3.罪犯自身的心理缺陷导致的特殊目的杀人。"

汤姆斯列举了三种类型后开始逐一分析："这个案件，如果是第一种类型，那么凶手应该是一个变态的女恋童癖，只有满足这种条件，才会触发她的杀人动机。可是如果凶手是暗恋死者却被拒绝而杀人的女同性恋，那凶手的女儿应该会察觉到异常。毕竟她的女儿才可能是凶手的第一目标。

"而第二种类型，也是警察曾经分析过的可能性。凶手只是为了出名上新闻，所以无差别地虐杀女童，这个可能性在之后的调查中也被排除。如果她只是为了实现这个目的，她完全可以在作案之后就去自首，而不是存在侥幸心理，想要逃脱法律的制裁。

"那么第三种类型，则是最有可能的原因，凶手拥有心理缺陷，死者某个事件触动了她，让凶手起了杀心。比如，死者抢了凶手女儿的风头，作为母亲想要扭曲地帮助女儿。又或者是出于嫉妒，毕竟凶手自己从小无人关心，而死者却从小备受关爱。"

说完所有的可能性，汤姆斯拍了拍艾斯的肩膀："你现在负责的这个案件的凶手，可能也是出于这种心理，犯下了致命的错误！"

接下来，汤姆斯指出了案件中艾斯的误区。"性别！"汤姆斯说，"因为是虐童案件，死者又是一位女童，你们只把目光放在了男性的嫌疑人身上。可是你们没有想过，女性，也是有可能的。”

“长官，谢谢你的提点，我立马回去重新调查。”说完，艾斯转身便要离开。

汤姆斯拿起咖啡杯，补充了一句：“最好把嫌疑人的范围缩小在死者死亡前三天接触过的女性，有过幼时受虐待记录的优先！”艾斯听完汤姆斯的建议，离开了办公室。

没过多久，真凶落网。凶手是住在死者隔壁的离异女性，因为从小受到父亲虐待，性格怪异。由于死者老是欺负自己的孩子，让她联想到殴打自己的父亲，最后失手杀害了女孩儿。为了不让自己被怀疑，她伪造了性侵杀人的假象。

# 逻辑大师：罪恶双胞胎

巴尔杰与迪瓦恩是一对双胞胎兄弟，两个人是当地臭名昭著的犯罪团伙“牙医帮”的骨干成员，这一次警方收到线报，牙医帮将会在某废弃的车场进行毒品交易。于是，警方进行了突击搜查，然而牙医帮非常狡猾，虽然被警方一举逮捕，但是他们的身上并没有携带毒品。根据线报显示，哥哥是团伙领导人之一，只有他知道毒品藏在什么地方。

可是，这一次警方遇到了一些小麻烦：

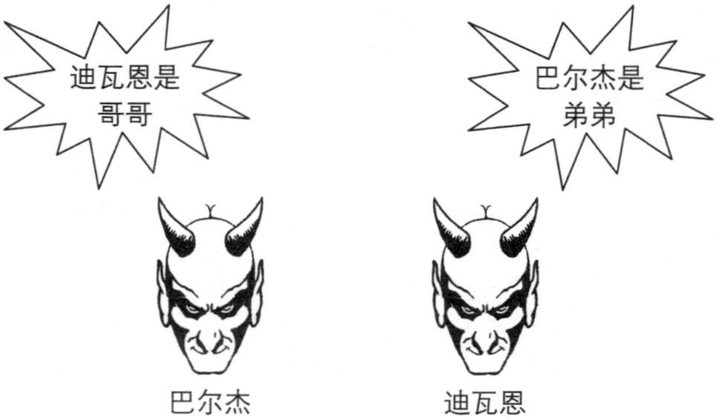


图16

警方确定其中一个人在说谎，但是不知道另一个人是否也在说谎。那么，请问巴尔杰与迪瓦恩谁才是哥哥呢？

# 恋牙怪癖

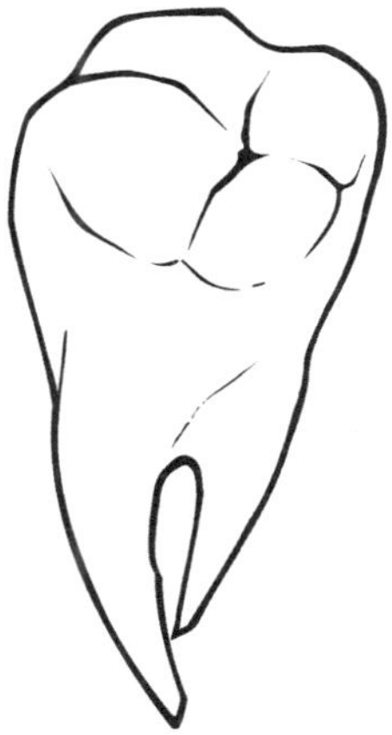

图17

这一周来，警局忙得不可开交。这不，城西新区出了好几起诡异的案子。受害者均是18—20岁的年轻男子，短短一周便出现了四名被害人。死者均是被利器敲击下颚流血过多身亡，面对如此残忍的作案手法，汤姆斯立马成立了专门小组着手对此案件进行调查。

通过一天一夜的法医鉴定，一条线索浮出水面。每具尸体都缺少一颗牙齿，有的是门牙有的是后槽牙。但是无一例外，每个死者在临死前都被拔掉了一颗牙齿。

想象着凶手一边享受着拔牙的快乐，一边看着受害者惊恐嚎叫的情况，所有的警察心里都绷紧了一根弦，想着一定要尽快将这个罪犯绳之以法。汤姆斯看着手下送来的案件调查报告，眉头紧皱起来。四名死者相互之间并没有直接的关系，甚至互相都不认识。警方通过走访，对受害者的人际关系进行调查，发现似乎他们也并没有共同的联系人。所以，案件应该是无差别杀人案。

可是，为什么凶手要在受害者死亡前拔牙，并且将行凶的目标定在18—20岁的年轻男子？如果能解开这些疑惑，案件应该就能有新的进展。正当警察们头疼的时候，一位受害者主动赶来报案：一位名叫艾克的中年男子，称自己昨晚被一名男子袭击。在意识模糊中，他的门牙被歹徒拔下。疼痛之中，艾克挣脱了绳索并且一拳打翻凶手。或许是艾克长期学习跆拳道的缘故，歹徒在被打了一拳后没了动静。于是艾克赶紧逃离，来到警局报案。

听到这名报案人的解释，汤姆斯立刻前往案发现场。在穿过好几个岔道后，警方终于来到一个废弃仓库的门口。汤姆斯示意警员们都拿好武器提起精神，一声巨响之后，铁门被爆破而开。一具年轻男尸映入大伙的视线。

一名男子似乎在这个地方上吊自杀，一双脚随着爆破的气流摇摇晃晃。众人还未开口，跟随警方一起前来的艾克失声大呼："是他！他就是拔我牙的歹徒！"

听到艾克的话，警方缓过神来。"畏罪自杀？"汤姆斯观察了一下尸体，虽然他并不是法医专业的，但也能一眼辨认——死者应该是半小时前身亡，与艾克离开的时间无差。如果从时间这条线索来推断，很有可能是眼看自己的猎物逃走，深知自己事情败露的，选择了自我了断。

这与很多连环杀人凶手的心理类似，先是挑衅警方，各种犯案。在马上要被警方逮捕的时候选择自我了断，或许在他们的心里，自杀并不代表失败，不意味着自己缜密的思维被警方破解。

这样看来，畏罪自杀这个说法是比较符合这个案件的，可是汤姆斯却发现了一些疑点。第一个疑点是前面几位受害者也有平时喜欢健身的，为什么只有艾克能够成功逃脱，是幸运还是别有原因？

第二个疑点是男尸的一颗牙齿也被拔掉了，一个想要自杀的人居然还会拔掉自己的牙齿后自尽？这是为了满足变态的内心，还是别有目的？

第三个疑点是犯罪嫌疑人大肆地收集死者的某一颗牙齿，那么应该是出于收藏或者其他目的。可是案发现场并未发现其他死者的牙齿，是否说明这可能并不是第一案发现场？根据艾克所说，他就是在此被拔牙时疼醒并逃脱的。难道每个人都有不同的案发现场？

第四个疑点也是最可疑的一点，艾克和这位凶手的牙齿呢？艾克是在此地被拔牙，而死者是在自杀前自己拔牙。那么牙齿呢？应该会在案发地发现两颗牙齿才对！难道还有第三个人？凶手将牙齿交给收藏者后才自杀身亡？

各种疑惑涌上心头，汤姆斯需要大量的时间去思考。而在一个小时的思索时间中，法医给出了一些关键的线索。经过专家的鉴定，案发现场的椅子附近发现了包括前面四名死者、艾克和自杀男子的DNA样本。这样就可以判断出，这里是唯一的案发现场，那么便给出了汤姆斯的一个疑问的答案。既然这是所有案件的案发地，那么受害者的牙齿呢？最重要的是艾克和自杀者的牙齿呢？

如果上吊的人是凶手，他应该无法将牙齿藏到其他地方，因为他的死亡时间和艾克诉说的时间不允许他有其他操作。那就可能是有第三个人出现在了案发现场将他的“藏品”收走，所以凶手可能有两个人。

汤姆斯拍了拍额头，让自己的大脑清醒一点，因为如果按照两名凶手的方向进行思考。故事可能就是一名歹徒被艾克看到脸，知道自己无法逃离警察的追捕便自杀让案件结案，自己的同伴便也可以隐匿下去。

又或者是另外一名同伴，杀死了他并让他背下所有黑锅。可第二个想法与艾克的说法相背离。因为按照这名唯一的幸存者所供述的，当时只有一名歹徒，并且是因为意外他才有机会逃离，并没有人帮助他。

案件似乎又进入了一个死胡同，突然汤姆斯看到艾克的手正在不太自然地活动。从一开始便是如此，艾克停下手中的事情时便会不自觉地拨动右手，像是在把玩着什么。可是他的手里并没有任何东西，而看他把玩的姿势，应该是一串手戴式珠子饰品。

难道？

汤姆斯对旁边的手下偷偷说了一句，虽然警察不知道为什么长官要求自己去调查，但他还是飞速地出发了。

“如果我的猜想没错的话，那个地方应该能找到！”汤姆斯盯着艾克，自言自语道。

时间过得很快，三个小时的调查即将结束。这时，汤姆斯派出去的那名警官跌跌撞撞地冲了进来。他将手中的袋子交给了汤姆斯，并在他的耳边说了什么。

汤姆斯听到警官的汇报，眉头终于舒展开来，他拿出手铐迅速将艾克拿下：“认罪吧！你才是凶手！”

**【疑点重重】：猜猜看，为什么汤姆斯说艾克是真正的凶手？**

如果你是警员，将会给出怎样的分析思路：

______________________________

______________________________

______________________________

**【案件分析】**

这次的案件中的嫌犯的是一名喜欢杀人拔牙的人。他作案四起无一失手，并且将四名受害者的某颗牙齿拔下。从这里我们便可以看出来，这名凶手应该是对牙齿有某种怪癖，喜欢其他人的牙齿或者是喜欢收藏死人的牙齿。

而案件则是从一位逃生的幸存者展开，根据这位名叫艾克的男子描述，他应该是由于幸运逃离毒手的。

当看到艾克口中的歹徒自杀时，很多人便会先入为主地认为：这不是很普通的案件嘛——歹徒因为事情败露不想自己完美的犯罪被警察破解，便选择在警察到来之前自杀。如果是这样的话，那现场是否应该出现关键的物证——死者的牙齿？如果没有其他人进入过现场的话，那这些牙齿去哪儿了呢？

分析到这里，案件似乎陷入了僵局。可是大家是否想过一个问题，其实一直有一个可以出入现场的人并未引起大家的怀疑。没错，便是所谓的幸存者艾克，他可是有出入现场背景的人。而大家则是完全把他当成一个受害者去考虑，那么受害者怎么可能会去拿重要的物证呢？又怎么会去隐瞒警察呢？难道艾克是另一个凶手？他们因为某件事情起了冲突，所以艾克便将自己的同伙杀掉，并且伪造了现场。

这种解释似乎也有一定的可能性，如果将凶手的人数定为两人，那艾克和自杀身亡的人便是两名凶手。但是大家是否发现一个细节，前面的四名死者都是18—20岁的年轻男子，自杀的男子也是一个年轻人，而艾克则是一名中年男子。

从作案动机出发，凶手若是为了收集年轻男子的牙齿，那又为何会向艾克伸出作案的双手？如果凶手有两名，那么艾克应该是主谋，因为前面曾经说过艾克学过跆拳道，而之前的死者中不乏搏击高手。

如果凶手只有一名，是否可以确定是艾克贼喊捉贼，而自杀的男子其实是第五名受害者？

所以不管按照哪种逻辑，艾克应该都是这场案件的真凶。而真正提醒汤姆斯的，则是艾克手上的动作——他的右手会下意识地把玩某种东西。而结合之前死者消失的牙齿，汤姆斯猜测艾克这个习惯的养成是否正因为他就是这个变态杀人狂，且他将他觉得好看的牙齿留下来，做成了一串首饰每天不停地把玩。

想到这里的汤姆斯派出了警察去艾克家里搜索，果然不出所料，镶嵌了这四颗牙齿的首饰被搜查出来，而消失的两颗牙齿也出现在了艾克的家里。

在证据面前，艾克只得承认了自己的罪行。自杀的男子是他的第五个目标，艾克本就想做一个有五颗牙齿的首饰，所以觉得这一次案子做了之后便可以金盆洗手了。通过一番思索后，他就用第五名受害者充当自己的替罪羊。这样一来，他也可以让警方就此结案。

对于他自己缺的牙，他解释道：“拔自己的牙齿，可比拔别人的牙齿刺激多了！”

# 园艺师

“您好女士，这里是警局，请问您有什么需要帮助的吗？”一个报警电话，打乱了警局清晨的宁静。

“是这样的先生，我的儿子，我唯一的儿子不见了。他才10岁，我怀疑他可能被坏人绑架了！”电话的另一头是一位女士的声音，听得出来她十分焦急。

警员努力平复女士的情绪，告诉她前来警局做笔录。一番折腾之后，一份完整的案件报告送到了汤姆斯的办公桌上。

一般的绑架案，汤姆斯是不愿意插手的，直接交给警局的年轻人，让他们增加点实战经验。可是汤姆斯在看完这份案件报告之后，似乎察觉到了蹊跷：如果说这是一起绑架案却一直没有收到绑匪的消息；如果说这不是一起绑架案的话，种种迹象却显示作案人确实是奔着她儿子去的。据女士回忆，她儿子失踪当天说放学之后要跟同学出去玩，结果便一去无踪影。

可女士并不知道孩子约好的人是谁，以为是跟同学出去玩，并没有在意，直到意识到孩子失踪才去报案。

“如果是熟人作案，无非两种可能性，第一是为了利益敲诈勒索，第二就是有了致命的利益冲突直接下毒手。而若是陌生人作案，肯定就是绑架勒索了。”汤姆斯自言自语地发表了自己的看法。

毕竟一个小孩子，很难想到他和谁有了致命的利益冲突。所以绑架勒索，便是正常考虑的方向。但这个案子奇怪就奇怪在孩子已经消失两天了，绑匪既没要求赎金，也没提其他要求，完全没有任何消息。

汤姆斯拍桌而起，顺手将大衣取下："走！我们去报案人家里看看！"

驱车20分钟后，众人便来到了受害者的家中。家里只有孩子的爸爸、妈妈两人。孩子的妈妈是一位商业精英，平时忙于工作，所以陪伴孩子的时间很少；而孩子的爸爸是一位园林艺术家，经常帮富人们管理后花园。

汤姆斯走进这栋房子时，无意间发现了门口有两棵大树，看起来有些年头了。而两棵大树的旁边，是一棵刚刚栽种的小树。不愧是专业人士，院子设计得很漂亮。而门口的泥泞则仿佛在提醒着前几天的大雨。

迎接汤姆斯的是一位名叫艾米丽的女士，她是孩子的妈妈，长相清秀。"谢谢警长赶过来，我的孩子不见了，希望你们能帮帮我！"说着说着，艾米丽不自觉地流下了眼泪。或许是平时忙于工作，孩子的突然失踪给这位母亲带来了不小的打击。

"请问您的孩子失踪前有没有什么异常呢？"汤姆斯等到艾米丽的情绪稍稍稳定后，便开始进入正题。

艾米丽双眼向上看，努力地回想着，然后说道："非要说异常的话，我记得儿子说过他好像捡到了什么东西，我当时正在忙着打电话并没有在意。第二天他还在一直跟我说这件事情，我忙着出门去开会，便吼了他几句！"

"捡到了什么东西？"汤姆斯追问一句，心里稍微有了思路。如果是孩子捡到的东西，给绑匪造成了威胁，那么对于孩子的人身安全便会产生影响。这样分析的话，一切都能说得通了，绑匪之所以一直没有发来任何消息，是因为绑匪的目的根本不是钱，而是杀人灭口。

当然，这只是汤姆斯的一个假设。因为按照艾米丽的描述，孩子平时是很少出家门的，也就是说他应该是在自家附近捡到东西的。这么想来，如果是杀人灭口，附近的邻居必须要好好排查。

汤姆斯挥手，示意让身后的警员过来，叮嘱几句后便让其去询问附近的邻居。如果像汤姆斯分析的那样，这次搜查应该是会有惊喜的。

警员离开之后，汤姆斯向女士询问起家里的情况。据女士讲，孩子的爸爸名叫安徒恩，现正在外面工作。对于孩子的失踪他似乎并没有那么在意，可能是因为他年轻时的不幸遭遇，导致他现在对亲情淡漠。据说安徒恩的父亲和哥哥都喜欢打骂他母亲和他，这可能是他对亲情淡漠的直接原因吧。

听到这里，汤姆斯好奇地询问详情：“请问您丈夫的父亲和哥哥在哪里呢？没有联系了吗？”这个问题仿佛让艾米丽打开了话匣子：“他们俩在很多年前就和我们没有联系了！记得是我们结婚之前吧，我丈夫的母亲因为长期遭受虐待郁郁而终。可能是由于良心发现，我丈夫的父亲和哥哥在葬礼结束之后就离开了这里，听说是去了外地。之后就没了音讯，安徒恩不想去联系他们，我也没有主动提及。”

听到这些话，汤姆斯脑海里浮现出一个大胆的想法。他立刻打电话给办公室的同事，要求他们去调查安徒恩父亲和哥哥的下落。如果猜的没错的话，这个案子是个让人难以接受的悲剧。

经过半小时的等待，率先给出回复的是调访邻居的警员。周围十几户人家的家中并未有任何异常，地下室阁楼之类可以藏人的地方也未发现任何痕迹。

而一通电话的到来则给这个故事画上了句号。“长官，我听你的去调查之后，发现这两人并未出现在其他地方。他们在11年前就消失不见了，如果没猜错的话，他们可能已经离世了！”

听到警员的报告，汤姆斯闭上双眼，不知道如何将真相告知旁边的女士。看到汤姆斯的表情变化，艾米丽似乎察觉到了什么。她捂住嘴巴，颤颤巍巍地询问：“先生，难道我的孩子，他已经……”

汤姆斯深深地叹了一口气，指向了门口的小树苗。“女士，我希望你可以接受现实，虽然结果是残酷的，但出于警察的职责我也不能向你隐瞒真相。”

顺着汤姆斯手指的方向，艾米丽看到丈夫新栽下的一棵小树，她不懂自己的孩子失踪和这棵树苗有什么关系。

汤姆斯站起来，对周围的警员发号施令：“你们两个去给我申请逮捕令，其他的人，把门口的三棵树给我挖了。”

“遵命！”

**【疑点重重】：猜猜看，凶手是谁？故事的真相是什么？**

如果你是警员，将会给出怎样的分析思路：

________________________________________

________________________________________

________________________________________

**【案件分析】**

其实故事里面的暗示挺多的，不知道大家是否能够厘清。

首先，故事中重复出现的东西是受害者家门口的三棵树——两棵大树，一棵小树苗。这是否印证了故事线里面的三个人，父亲、哥哥和儿子？

从前文可以判断出，这并不是一起单纯的绑架案。因为绑匪从头到尾都未出现过，也未向受害者的家里提出过任何要求，所以在绑架不成立的情况下就要考虑谋杀和拐卖。

其次，如果罪犯是以拐卖儿童为目的，并在长期观察下锁定目标，那他应该是一个陌生人，通过与孩子闲聊和以带孩子出去玩的理由拐卖孩子。

可大家是否注意到文中提到的一点，孩子几乎没离开过家里。因为父母工作的原因，孩子一直被他们关在家里或者封锁在家里。在这样的情况下，孩子是不太可能接触到陌生人的。所以才会考虑熟人作案、邻居作案。但通过调查发现，周围的邻居并不符合作案条件。所以，我们可以推断，这是一起熟人作案。

最后，知道了作案人的大致范围，我们再考虑动机。文中多次提及，孩子似乎捡到了什么东西，并向妈妈述说，可是妈妈并未理会。如果将作案动机与这个东西相联系，似乎就能说得通了。孩子一定是捡到了什么能够威胁到罪犯的东西，罪犯为了拿回这个东西或者是灭口，才制造了这起案件。而这个东西，是孩子在家附近找到的，所以罪犯应该是在周围丢了东西的人或者就是周围的人。

前面已经确定了邻居不具备作案的条件，那么“周围人”还会有谁呢？

不知道大家是否忽略了一个角色，一个一直出现但并未受到怀疑的角色。没错！他就是孩子的爸爸。

说到这里大家就要问了：什么？凶手是孩子的爸爸？怎么可能？不知大家是否注意到一条线索，就是安徒恩的父亲和哥哥在11年前神秘失踪了。如果他们的失踪方式跟小男孩一样，是否两起案件就能联系起来了？

失踪的三人，门口的三棵树，你想到了什么？

是不是感到不寒而栗？

没错，故事的真相就是，因父亲和哥哥常年虐待母亲，在安徒恩即将结婚的时刻，母亲去世了。葬礼之后，安徒恩将所有的愤怒发泄在了父亲和哥哥身上。冲突中，他失手杀死了两人。也可能这是安徒恩早就预谋好的，母亲的离世则是导火索。

安徒恩将两人的尸体埋在家门口，一是因为“最危险的地方就是最安全的地方”，二是为了寄托哀思，毕竟是自己的亲人。于是他发挥自己的专长，在埋尸体的地方种上了两棵树。当然，这样做也可能是出于安徒恩变态的内心——每天能看到自己的“作品”，会让他感到愉悦。具体是哪一种情况我们就不得而知了，这是犯罪心理学家的问题。

安徒恩对外宣称和两人断了联系，并且声称父亲和哥哥因为悔恨离开这里去了外地。而多年之后的一场大雨，孩子像往常一样在花园挖泥巴，结果捡到了一枚戒指。他本来要把这个发现告诉妈妈，但是接连两次妈妈都没有理会，于是便转而告诉了爸爸。

安徒恩认出这枚戒指正是他父亲的，担心事情败露，极度自私的本性暴露出来。他知道不可能管住孩子的嘴，一向漠视亲情关系的他，本来就不喜欢孩子，于是残忍地采用极端的方式，让孩子彻底闭嘴。他还是按照之前的做法，将孩子埋在了门口，并种上了一棵小树苗。

# 逻辑大师：绑架（上）

（解析见书后参考答案）

皮特的父亲乔治是美国一家世界500强公司的CEO，平时为人低调，很少接受媒体采访，除了圈里人很少有人知道他。由于家教的关系，皮特的独立性非常强，只有12岁的他每天都是自己上学下学。

皮特一家住的私人别墅离公交车站有一定的距离，所以每天早上父亲都会在同一时间开车送他去公交车站，然后乘坐公交车去学校；放学也是如此，皮特独自坐公交车回到离家最近的车站，然后父亲下班正好顺路接上他。

今天，皮特放学早了，所以比平时提前坐车来到了公交站，而父亲还没有下班，于是他决定自己走回家。走到半路，父亲的助理约维奇开车来了，说道：“皮特，上车，我送你回家，你爸爸今天开会来不了了。”

皮特跟约维奇很熟，所以很自然地跟他上了车，然而他们并没有回家，而是来到了一座偏僻的古堡，门口还有荷枪实弹的守卫。

约维奇哄骗皮特，说是乔治想要给皮特一个惊喜，特意带他来度假的。实际上，这是董事会的一次密谋行动，希望通过绑架皮特的方式，逼迫乔治放弃自己的职位。

乔治最近已经察觉到风声，回家之后没有见到儿子，警觉的他立刻报了警。警方非常重视，把案子交给了皮特斯办理，皮特斯也不负重望，很快锁定了皮特被绑架的所处的古堡。

通过分析之后，皮特斯给出了一张平面图，并标出了皮特所在的房间。如图18所示，古堡一共有64个房间，圆圈的位置就是皮特的房间。

由于古堡的特殊设计，在很多地方隐藏着报警装置，只有沿着唯一一条正确路线行进才能够在不触发警报，进而顺利到达皮特的房间。那么，你能找到这条路线吗？最少需要拐几次弯？

已知该路线的特点是：

1. 走完全部64个房间；

2. 不能重复经过任何房间；

3. 拐弯的次数最少。

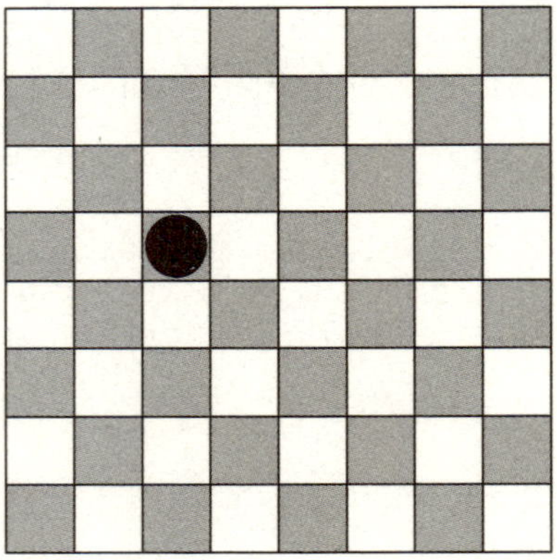


图18

# 藏婴坑

今早五点，天还是雾蒙蒙的，汤姆斯便接到警员的电话。虽然大清早被人吵醒让汤姆斯有些暴躁，但他根据多年的经验判断，这次的案情肯定不一般，否则这帮小子不敢这么早打来电话。

汤姆斯驱车来到了案发现场——路唐公园，这是附近最小的一个绿植公园。听说是当时修建的资金一直断断续续没给够，所以开发商索性将大公园的计划改为了小公园。报案的人是一名跑步爱好者，同时也是一位热心人，他可是这个公园的常客。每天早上天不亮，他便准时来公园晨跑，日复一日的训练，从不间断。但他今天晨跑的时候发现了一丝异样，公园的绿植区居然有一个人在鬼鬼祟祟地填埋着什么。

按照常理来讲，绿化工人也不应该这么早上班，所以报案人留了个心眼。等那个人离开之后，他便来到刚才填埋的地点。虽然泥土都被压平了，但是凭借着刚才看到的大致位置，他还是往下刨了刨，刚刨到30厘米深的地方，一个袋子出现在了报案人的眼前。打开一看，差点没被吓破胆，袋子里面装的居然是婴儿的尸体！被吓坏了的他，一口气跑到了附近的警局报案，这次的故事也就因此展开。

虐童案？这是映入汤姆斯脑海的第一个想法。汤姆斯仔细观察婴儿的尸体，发现这是一个刚出生没多久的婴儿，而且不知道为什么，婴儿的右耳不见了。可说来奇怪的是，并未发现任何伤口。罪犯是如何做到在没有任何伤口的情况下取下婴儿的右耳的呢？

正当汤姆斯困惑不解的时候，案子被推向了更加诡异的边缘。在刚发现婴儿尸体的袋子下面，警员们再次挖掘到5个袋子。而这些袋子里面，也都是婴儿的尸体。5具尸体无一例外，都已经成为白骨，说明埋藏的时间应该很久了。

通过法医的调查，这五个婴儿中有四个缺少人体基本部位。而有一个，则是多了两根手指。这样的话，案件就不太好调查了。

汤姆斯看着眼前的骸骨，向法医下达命令："你们把这些孩子带回去，调查一下是否有生前伤痕和致命伤。对了！查一下这些孩子的DNA。"

说完这些话，汤姆斯又陷入了沉思。从案发现场来说，这些婴儿应该是被同一个凶手所害，可是为什么没有婴儿的父母或家人前来报案？这片区域这几年没有接到过丢失婴儿的报案。难道他们的父母也不在乎这些孩子？

"还有一个问题，为什么婴儿有的缺少手臂，有的甚至少了腿？可是最先发现的婴儿，他缺少的是右耳。这里面有什么必然的联系吗？"汤姆斯皱起眉头，自言自语起来。

最让汤姆斯想不通的一点是，发现的第一具婴儿尸体。他的右耳虽然是缺失的，可并没有任何直接的伤痕，就像他天生就缺少右耳一样。天生缺少？一种猜想在汤姆斯脑海里浮现。

没过很久，汤姆斯心里已经有了大概的想法。现在最重要的是等法医的鉴定，如果法医能够按照他的指示调查，那么应该很快会发现解决案件的关键。不一会儿，法医的电话来了。"警长，我现在向你汇报调查结果。这六具婴儿的尸体，一具是最近死亡的，而第二具被发掘出来的遗体的死亡时间应该是一年前。其余四具尸体的死亡时间大致分别是两年前、四年前、六年前和八年前。"

听到这里，汤姆斯回应了一句："意思是尸体是每一两年一具？"

“是的！是根据掩埋的深浅度叠加的。”

回答完汤姆斯的问题，法医继续汇报结果：“经过分析，婴儿身体的器官缺失并不是人为，而天生便是畸形儿。”

“法医先生，请问他们的DNA。是不是类似？”汤姆斯率先提出自己的猜想。

法医肯定了汤姆斯的想法：“我不知道先生你是怎么知道的。没错！从DNA来看，所有的婴儿应该都是同一对父母所生，也就是说他们应该都是有血缘关系的孩子。”

听到这句话，汤姆斯便推想到案件的真相了。现在要做的，就是捉拿真凶归案。不管凶手的理由是什么，这五个孩子的生命，不是这样轻易就能拿走的。

汤姆斯感到很愤怒，他努力克制自己的情绪，停顿许久，他才问出了最后一个问题，“那么孩子的父母，通过DNA是否可以查到？”

“孩子的父亲名叫波克，母亲叫露易丝，他们就住在路唐公园附近的一个公寓中！”

道了一声谢谢后，汤姆斯挂掉电话，率领警员们迅速地冲向目的地——公寓的309房间。一名中年人在听到敲门声后打开了房门。

警员们逮捕了房内的两人。名叫波克的中年人面对突如其来的抓捕表现得非常惊讶，但是在铁证面前也羞愧地低下了头。他承认是自己亲手杀害了孩子，波克还向汤姆斯大吼：“我就是想要个健康的孩子！有什么错吗？他们生下来就是那个鬼样子，我这是在帮他们解脱！”

汤姆斯挥了挥手，示意警员将两人带走，想起法医补充的一句话：“警长，我看孩子们的DNA都很相似，而且从他们身体畸形这点来看，我猜测他们的父母，或许是近亲结婚。”

**【疑点重重】：试试看，你能否还原出整个故事？**

如果你是警员，将会给出怎样的分析思路：

______________________________________________

______________________________________________

______________________________________________

**【案件分析】**

这个案件在讲述过程中，其实已经提供了特别多的线索。所以大家分析起来，应该是游刃有余的。

首先故事的展开，是从跑步爱好者在公园发现婴儿尸体开始的。而紧接着在这具婴儿尸体的下面，又再次发现了多具婴儿遗体。如果只是从这个线索来看，很有可能让人联想到虐婴杀人狂。但是警方检查尸体之后，发现有些婴儿缺少身体部位。还有一名婴儿并没有缺少任何部位，反而是多了手指。

而在故事中间，法医的鉴定结果给了许多重要线索：

第一，婴儿缺少的身体部位是天生的，并不是人为的，所以死亡的婴儿都是畸形儿。

第二，多名婴儿为同一对父母所生。这也就是为何丢失这么多孩子，并没有一个人报案的原因。

第三，婴儿的死亡数量是每过一两年逐年递增的。

从这里，我们就可以看出来，凶手很有可能就是孩子的父母——他们每一两年生了一个孩子就将其杀害。

可我们又要想了，是什么原因，会让父母丧心病狂到杀害自己亲生的孩子？虎毒还不食子呢。而在警方之后的抓捕中，身为孩子的父亲，依然没有觉得自己有错，甚至说自己是在帮那些婴儿解脱。

这对父母就想要一个身体健全的孩子，可是他们第一个孩子因为疾病去世了。而之后他们生下来的孩子却是天生畸形。不想让孩子受苦的他们选择了“药死”婴儿。

不断地生育、杀害，最后终于被警察们发现，带走。而可笑的是，从法医的话我们可以得知，凶手夫妻竟然是近亲结合，这也难怪他们生下来的孩子要么患有疾病，要么是畸形。明明是父母自己的原因，却要一个个小生命去背负这些痛苦，还美其名曰是帮忙解脱，真是罪恶。最终，凶手夫妻被判故意杀人罪，依照法律受到了该有的的惩处。

# 逻辑大师：绑架（下）

行动人员成功解救出皮特，然而通过询问，汤姆斯发现了更为惊人的秘密，原来公司其他几位股东的孩子也被绑架了，他们正在各自的房间内。皮特凭借记忆画出了一张平面图，由于最初的行动方案并没有包含营救其他人质的计划，所以时间紧迫，汤姆斯在快速思考之后得出结论，行动人员只有3分钟的时间可以解救所有人，否则就必须按原计划撤退。其中最困难的在于信息记忆，行动人员必须在60秒内记住每个孩子的名字及其所在房间，然后按照设计好的路线进行营救。

汤姆斯临时做出决定，选出一位记忆力最好的队员，他需要记住人名与房间位置，信息如下：

安德鲁与约瑟夫住在主卧室；

埃文斯与罗伯特住在有阳台的房间；

芭芭拉与辛迪住在主客厅；

露西与古德温兄妹住在有壁炉的客厅；

芭芭拉的狗Candy在储物室（由于狗的项圈上面有录音装置，所以也非常重要）。

游戏开始，假设你就是这次任务的行动人员，你需要在60秒的时间之内记住上述信息，然后填入图19的平面图当中，才算完成了此次任务。

如果位置、名字写错了或超时的话，则算失败。

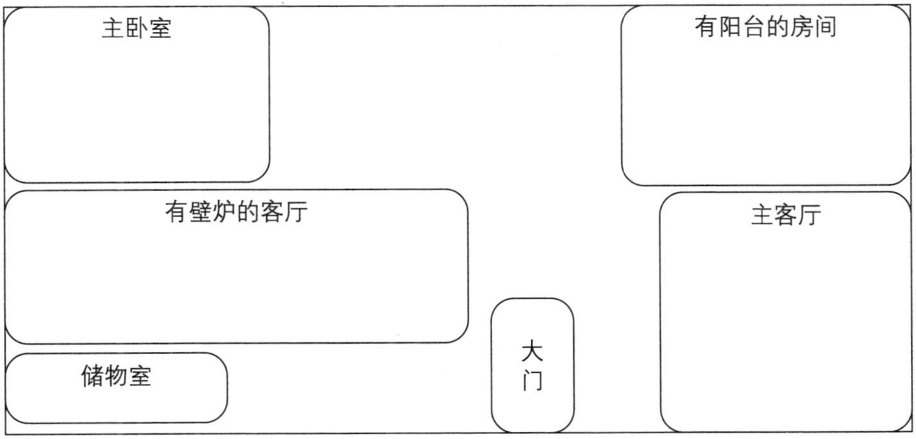


图19

# 天籁之音

月夜下，一个身影被拉得很长。虽然是每晚必经的小路，但是爱丽斯还是感觉到背后十分阴森。不知道为何，她总感觉有人正在注视着她，毕竟这种被人盯着的感觉并不好，并不想自己吓自己的爱丽斯，强行安慰自己，希望自己能够冷静下来。

突然，一支小曲在耳边响起，爱丽丝疑惑地停下脚步，这声音，这曲调，怎么跟自己唱的一模一样？这怎么可能！

…………

清晨，一位路过此地的上班族拨打了警局电话，一位妙龄女士死在了小巷之中。汤姆斯听到手下的报告，忍不住挠了挠头，这已经是这周第三起凶案了。如果猜得没错，这位死者应该跟前面两位一样，致命伤是脖颈的刀伤，身上没有任何其余伤痕，说明凶手凶狠果断。而最让人接受不了的是，前两名死者的声带被人取走了。

从这点来看，凶手可能是一个对人的声带有变态执念的杀人狂。算上今天报的这起案子的话，已经有三名遇害者。如果警方还不能将凶手捉拿归案，社会舆论所带来的压力将会非常大，届时各大报纸的头条都将会是这起案件。

汤姆斯戴好帽子，随着警员们来到了凶案现场，这是一条幽长的小巷。跟他猜测的差不多，死者是18岁到20岁的少女，而脖颈上的刀伤则证明了此案与前两起案件都是由同一凶手所为的。这时法医上前来，向汤姆斯点了点头。

“刀伤造成的伤痕与前两名死者类似，初步判断为同一个凶器。而死者的声带和其他发声器官同样被取出，手法跟前面的案子相同！”

听到这里，汤姆斯皱了皱眉，罪犯到底出于什么样的心理，为何要取走死者的声带？或者说他就是为了声带而杀人？他的目的究竟是什么？在以往经手的案子中，并没有出现过如此变态且诡异的行为的凶手。

“死者的身份是否调查清楚了？”汤姆斯向现场的警员们询问道。

“她的身份是附近酒吧的一位驻唱歌手，平时靠唱歌维持生计。而这条路是她回家的必经之路，看样子凶手并不是临时起意而是计划已久。”

听到警员的介绍，汤姆斯回想起了前两名死者的身份，一名是音乐老师，另一名则是准备出道的歌唱选手。如果按照相似度来看，她们似乎都和唱歌有关系。这是否就是造成他们死亡的原因？

这时警员又带来了最新的调查报告：“长官，根据我们对前面两名死者的调查，发现她们在死亡前都曾经去过某家经纪公司，想要成为歌手。而且今天这位死者，似乎也曾经去过。我们有理由怀疑这可能是她们的共同点，是否要申请搜查令对这家公司进行搜查？”

听到这里，汤姆斯的大脑开始飞速运转：如果凶手在经纪公司与死者有过接触，那么他便有观察期进行犯案。他可能是出于某种目的，留意了来公司的自荐者，并随后开始跟踪调查，最后杀害死者取走声带。

想到这里，汤姆斯申请了搜查令，准备带人去经纪公司一探究竟。很快他们便赶到经纪公司，这家经纪公司看起来不太景气，名声也不大，环境也不好。

公司门口，一名清洁工正在打扫地面，汤姆斯路过时听到他正在哼着什么。而汤姆斯刚一进公司，一位身穿西装的老板迎面走了上来。

在警员的搜查过程中，汤姆斯从老板的口中了解了公司的情况。原来这家公司之前特别有名，可是自从他们的招牌女明星跳楼自杀后，公司的声誉便一落千丈，从一个大公司变成了现在这般凄惨的模样。

而就在山穷水尽之时，公司在今年争取到了一笔投资，终于能够重新开展项目筛选种子选手了。而前几天的死者，都是来公司面试的第一批女歌手。知道她们的死讯后，老板也是头疼不已。毕竟她们三位都是经过重重筛选后的佼佼者，这样突然死去，对公司来说也是一个打击！

听到这里，汤姆斯向他询问了公司的职员和当时在场的相关人员。老板苦笑着回答："长官，我们公司现在就我和哑巴清洁工两个人。当时公司出了问题，所有人都跑了。淘汰选手的环节我请了一名音乐人当导师，所以如果他在场的话，只有我们三个人。"

那么这样来看，如果凶手跟这家公司有关，嫌疑人的范围便能缩小到三个人。而按照老板的说法，那名导师在审核完毕后就离开这里去了国外。老板这几天也和家人去外地旅游，昨天才回来。拥有作案时间的似乎只有整天守在公司里的哑巴清洁工了。

重新来到门口，汤姆斯却找不到嫌疑人的身影。他立马要求警员前往清洁工的住所查看，自己则是在周围看看有没有其他线索。突然，汤姆斯听到了歌声，非常悦耳的声音。从声音来判断，唱歌的人应该离得不远，而且是位妙龄少女。

跟着歌声前进，汤姆斯发现公司背后居然有个小仓库，声音便是从里面传出来的。推开大门，哑巴清洁工正站在仓库的中央，歌声也就此打断。

汤姆斯心里已经有了判断，于是直接质问道："原来你不是真的哑巴啊，说说为何要杀她们吧。"

清洁工看了看汤姆斯，似乎也清楚自己最终的结局，淡定地说："声音呀！这样才能保留她们的声音，简直是天籁之声。可惜了，如果你们明天再来，我就能够拥有她美妙的声音了！"

电话响起，汤姆斯点击接听键，警员慌慌张张的声音传来："警长，我们在清洁工的房间里搜到了被害人的声带，就在他的枕头底下！”

“不管你有什么理由，杀人就是犯罪！我虽然不知道你为何多年来一直伪装成哑巴，但我现在要正式逮捕你！”在人赃俱获的时候，汤姆斯的言语冰冷起来。

“别急别急，让我再唱一首歌！”清洁工说完这句话，还没等汤姆斯回答，又旁若无人地放声高歌起来，仿佛他正站在舞台中央，而汤姆斯对他来说就像是一个观众。

歌曲的旋律听起来很熟悉，它是公司广播里循环播放的歌曲，听说是那位招牌女明星的成名作。而这位清洁工唱起来，却是那么的别扭甚至跑调。这样的表现，和他刚才唱歌的状态大相径庭。

唱着唱着，他开始流泪。虽然看着是男人，他的声音却跟女性无异。哭着哭着，他的声音突然渐渐变小。汤姆斯暗道一声不好，冲上前去。

清洁工的身子突然软了下去，重重地瘫在地上。“最后，我还是没有办法复刻你的声音！”说完这句话，他闭上了眼睛。

汤姆斯摇了摇头：“不管你是为了什么而犯罪，都是永远不能被容忍的！”

**【疑点重重】：试试看，你能分析出故事的来龙去脉吗？**

如果你是警员，将会给出怎样的猜想和分析思路：

______________________________________________

______________________________________________

______________________________________________

**【案件分析】**

单从案件上来看，其实除了犯罪动机，大家应该能猜个大概。清洁工伪装成哑巴，混迹在公司中，观察跟踪公司准备力捧的新人，将其杀害之后，取走了她们的声带。

可是，大家不解的是，“哑吧”清洁工到底是为什么要杀害她们并取走声带？从汤姆斯听到仓库传来的悦耳的歌声来看，这个清洁工似乎唱歌也不错，但嗓音不稳定。

原来，这个清洁工也非常喜欢唱歌，而他的嗓音上存在一些缺陷，这让他长期嫉妒嗓音完美的人，内心也开始变得病态，对于自己欣赏的嗓音，就想要据为己有，而他的做法竟然是收集歌手的声带。在他看来，只要能够收集到这些声带，自己有一天也会拥有如她们一样完美的天籁之音。于是，他心生恶念……

这个病态的人，最后受到了惩罚，在自己的精神仪式中结束了扭曲的人生。

# 参考答案

**【逻辑大师】：劫狱**

此题一共有两种方法，我们介绍最常规的一种，答案如图20所示：

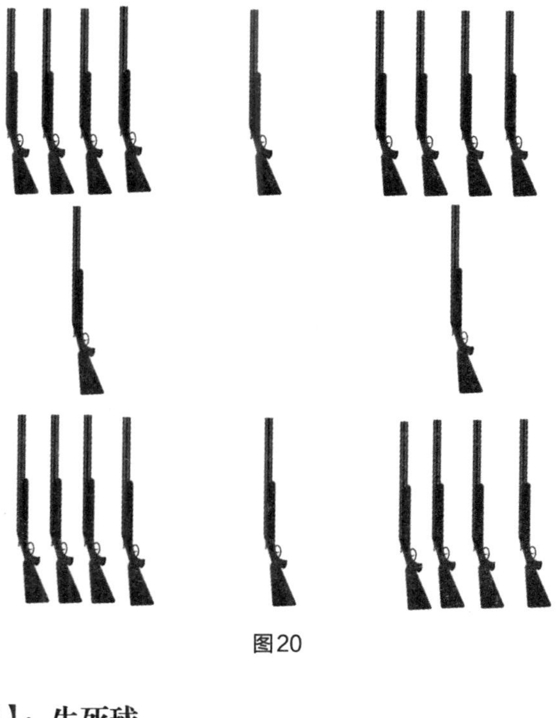

图20

**【逻辑大师】：生死球**

1.没有机会，这就是摩尔斯变态的地方，即便有警员成功将其中3组搭配起来，那么第4组自然也会搭配起来，回想一下摩尔斯的原话，“你们只需要将其中三组搭配起来就可以生还。记住，只有3组哦！”

2.无人生还，毒枭早已在心里决定了警员们的生死。

**【逻辑大师】：射击训练**

这道题只有一种解决方案，首先你要知道柯尔特警用左轮手枪只能装6发子弹（大部分左轮手枪都是6个弹巢），也就是说你只有6次机会。假设你是一个百发百中的神枪手，只有这样打靶才能拿到100分：16+16+17+17+17+17。

**【逻辑大师】：疑犯追踪**

Belgium（比利时）

**【逻辑大师】：隐藏的歌剧**

*The Phantom of the Opera*（《歌剧魅影》）

**【逻辑大师】：解不开的保险箱**

首先，如果你对东南西北的英文单词不熟悉的话，可以先列出来：

East 东

South 南

West 西

North 北

移动口诀：上北下南，左西右东。

接下来考验的就是玩迷宫的能力了，你可以在纸上一遍一遍地实验，但是如果身临其境，在面临被安保发现甚至是被击毙的前提下，你根本没有这么多时间，还不算心情紧张等因素，所以想要破解密码可能真的需要一些运气了。

实际上这道题的关键就是找到第一个按钮，那么答案就是第二行第二列的“2S”，一旦发现就可以快速打开保险箱。

图21圆圈显示的是具体的步骤，可以清晰地看到答案。

| | | | | |
|---|---|---|---|---|
| 1S<br>4 | 2S<br>8 | OPEN<br>25 | 1E<br>18 | 4S<br>19 |
| 3S<br>5 | 2S<br>1 | 3S<br>15 | 1W<br>14 | 2S<br>22 |
| 3E<br>11 | 1E<br>9 | 2W<br>10 | 1S<br>12 | 1N<br>21 |
| 3N<br>3 | 1W<br>2 | 3N<br>24 | 2N<br>13 | 2W<br>23 |
| 1E<br>6 | 4N<br>7 | 1E<br>16 | 4N<br>17 | 2N<br>20 |

图21

**【逻辑大师】：我是谁**

卡罗·甘比诺，他也是电影《教父》第二部、第三部中迈克·柯里昂的原型。

**【逻辑大师】：趣味图形**

这道题的答案很简单，因为题中的图形迷惑性不强，除了“直角”这个点，几乎没有其他共性。

第一个图案：2个直角

第二个图案：?

第三个图案：6个直角

第四个图案：8个直角

因此答案应该选择D（4个直角）

**【逻辑大师】：酒贩**

警方只需要通过排除法就可以计算出答案，这里我们直接讲答案。

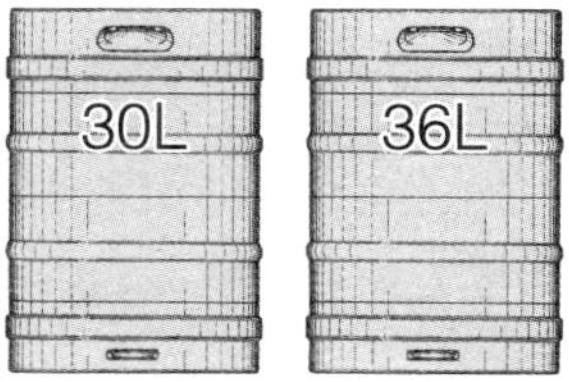


图22

第一个人：

总计：66L

根据题干，第二个人买走的酒将会是第一个人的两倍，也就是132L。

分析之后得出：

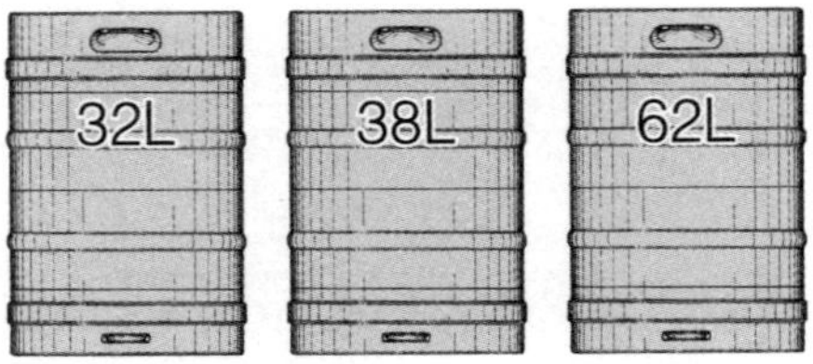


图23

第二个人：

以上三桶酒加起来刚好是132L。

那么，现在只剩下一桶酒，也就是40L的，毒品就藏在这里面。

图24

**【逻辑大师】：罪恶双胞胎**

图25

这类逻辑分析题目，只需要进行简单的推理就可以分析出答案：

1.假设巴尔杰在说谎

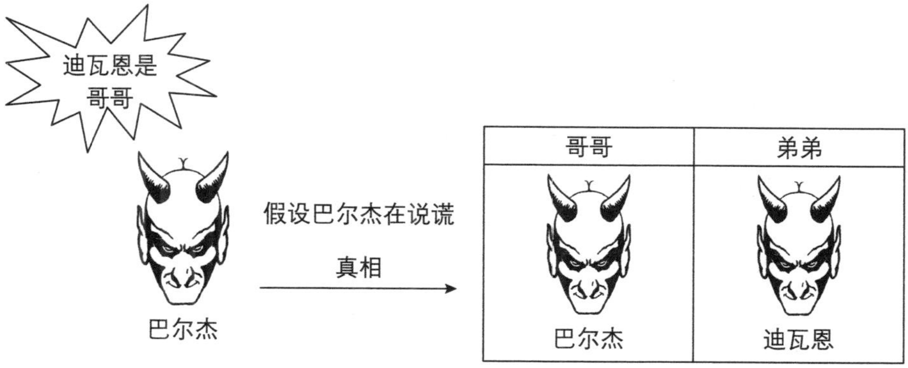


图26

2.假设迪瓦恩在说谎

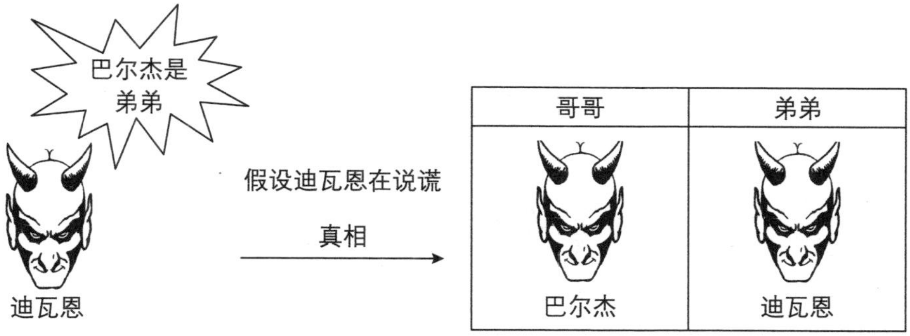


图27

答案已经很明显了，巴尔杰是哥哥！

实际上这道题还有更简单的思考方式，如果两个人说的都是事实，如图28所示：

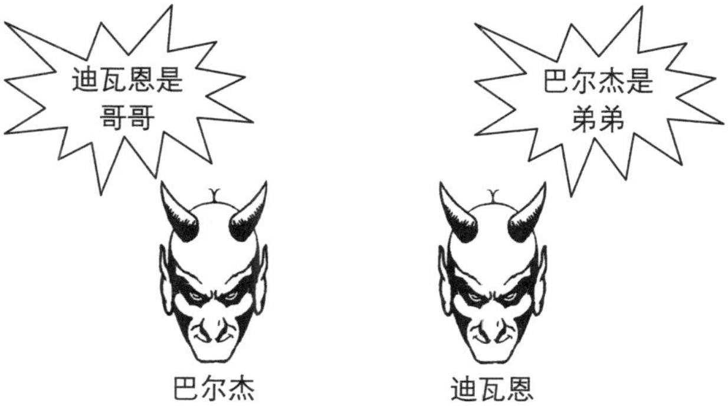


图28

那么真相是：

迪瓦恩是哥哥，巴尔杰是弟弟。

然而警方已经知道其中一人在说谎，另一人是否说谎不得而知，也就是说上面的推理不成立，那么反过来就对了：

巴尔杰是哥哥，迪瓦恩是弟弟。

这是更加简便的思考方式，不用逐一验证，而是从整体考虑。

**【逻辑大师】：绑架（上）**

营救路线如图29所示，行动人员只需要拐16次弯，就可以到达皮特所在的房间

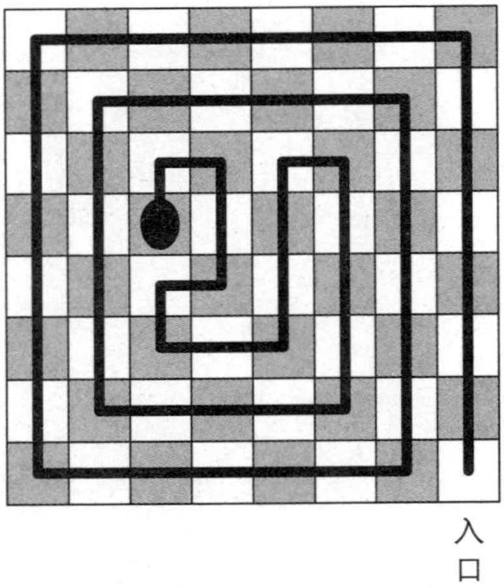


图29

**【逻辑大师】：绑架（下）**

此题为记忆力训练，记忆并准确填写即可。

**图书在版编目（CIP）数据**

思维大爆炸．挑战超级脑力的破案游戏 / 潘冬旭著．—北京：中国法制出版社，2021.3

（福尔摩斯头脑风暴系列）

ISBN 978-7-5216-1600-2

Ⅰ．①思… Ⅱ．①潘… Ⅲ．①智力游戏 Ⅳ．① G898.2

中国版本图书馆 CIP 数据核字（2021）第 019561 号

策划编辑：杨智

责任编辑：杨智　刘阳　　　　封面设计：汪要军

**思维大爆炸．挑战超级脑力的破案游戏**

SIWEI DA BAOZHA. TIAOZHAN CHAOJI NAOLI DE PO'AN YOUXI

著者 / 潘冬旭

经销 / 新华书店

印刷 / 三河市国英印务有限公司

开本 / 710 毫米 ×1000 毫米　16 开　　　　印张 / 10　字数 / 143 千

版次 / 2021 年 3 月第 1 版　　　　2021 年 3 月第 1 次印刷

中国法制出版社出版

书号 ISBN 978-7-5216-1600-2　　　　定价：32.00 元

北京西单横二条 2 号　邮政编码 100031　　　　传真：010-66031119

**网址：http://www.zgfzs.com**　　　　**编辑部电话：010-66038703**

**市场营销部电话：010-66033393**　　　　**邮购部电话：010-66054911**

（如有印装质量问题，请与本社印务部联系调换。电话：010-66032926）